HITS FÜR KIDS
RHEINLAND

62 Freizeittipps für die ganze Familie

Ferdinand G. B. Fischer

W0173457

BRUCKMANN

Inhalt

Abenteuer draußen

Spannende Spielplätze mit Klettergerüsten für die Mutigen

Inhalt

Buchstabensalat im Bilderbuchmuseum Burg Wissem

Abenteuer drinnen

*Bei der Vorführung
im Stampfwerk in der
Papiermühle wird es
laut.*

Vorwort

Mit Freizeit für Kids, der freien Zeit nach Schule, Hausaufgaben, kleinen Aufgaben im Haus und Garten vielleicht, eben mit dieser verbleibenden Zeit soll sich dieses Taschenbuch beschäftigen, und zwar in Form von Angeboten, die man das ganze Jahr hindurch mit seinen Kids wahrnehmen kann.

Wohin gehen wir heute?

Um aus der Fülle der angebotenen Tipps bei jedem Wetter das Richtige auszuwählen, gibt es in diesem Buch die Unterscheidung nach Abenteuern »draußen« und »drinnen«, in denen Touren für Sonnenschein und Regenwetter (für Schnee nur kurze informative Hinweise) zusammengestellt sind. Bei einigen dieser Touren bietet es sich an, andere Ziele anzuhängen. Dadurch kann man je nach Unternehmungslust, Alter der Kids und verfügbarer Zeit individuelle Ausflüge zusammenstellen. Auf die Angabe von Altersgrenzen wurde bewusst verzichtet, da sich Kids ganz unterschiedlich entwickeln. Eine Wanderung oder eine Radtour, die ein geübter Fünfjähriger mit viel Freude bewältigt, kann einen untrainierten Achtjährigen schon überfordern. Es sind daher immer die Gehzeiten für Erwachsene angegeben – so können die Eltern selbst entscheiden, ob die Wanderung für ihr Kind geeignet ist. Bei Radtouren ist die Länge der Strecke in Kilometern angegeben. Auch das Interesse an einem Museumsbesuch hängt neben dem Alter stark vom Temperament der Kids ab. Damit die Eltern abschätzen können, ob ein bestimmtes Museum zum jetzigen Zeitpunkt in Frage kommt, wird einiges zu den Ausstellungsinhalten gesagt.

Essen und Trinken

Hungrige und durstige Kids haben keine Freude an der schönsten Unternehmung. Sie quengeln, die Eltern schimpfen, und schon ist der ganze Ausflug verpatzt. Darum lautet die eiserne Regel für einen gelungenen Ausflug: Die Verpflegung darf niemals ausgehen! Man sollte daher bei allen Touren – egal ob Museum, Theater, Wanderung oder Flussfahrten – einen kleinen Rucksack mit Getränken und Proviant dabeihaben. Das schont die Nerven und außerdem den Geldbeutel. Bei einigen Ausflügen sind auch Einkehrmöglichkeiten beschrieben.

Übrigens: Alle Abfälle nimmt der umweltbewusste Wanderer im Rucksack aus der Natur mit zurück und entsorgt sie dann zu Hause!

Öffnungszeiten und Eintrittspreise

Bei Museen, Freizeitparks und ähnlichen Einrichtungen sind in der Regel die Öffnungszeiten angegeben. Sie wurden sorgfältig recherchiert. Für die Richtigkeit können wir allerdings keine Gewähr übernehmen, da sie sich im Laufe der Jahre oder von Saison zu Saison ändern können. Die aufgeführten Eintrittspreise sind auf dem Stand von 2010. Sie sollen vor allem einen Anhaltspunkt geben, in welcher Größenordnung die Preise liegen.

Tipps für unterwegs

Die Ausgangspunkte vieler Wanderungen und anderer Ziele können oft nur mit öffentlichen Verkehrsmitteln erreicht werden. Der Autor hat mit viel Mühe versucht, immer die aktuellen Bus-, Straßenbahn- und U-Bahn-Linien anzugeben. Oder auch die Internetadressen, mit deren Hilfe man die aktuellsten Anfahrten genannt bekommt.

Wanderungen

Bei der Auswahl der Wanderrouten wurde vor allem darauf geachtet, dass die Wege abwechslungsreich und ungefährlich sind. Die angegebenen Gehzeiten gelten für erwachsene Durchschnittswanderer. Die Erfahrung lehrt, dass man mit kleinen Kids gut das Doppelte der angegebenen Zeiten

Hier geht´s ab – mit Helm und Gurt

9

Auf dem Barfußpfad mit vielen Erlebnisfeldern »erläuft« man seine Eindrücke.

benötigt, wenn man ihnen Zeit lässt, die Natur links und rechts des Weges zu betrachten. Ganz wichtig für das Gelingen einer Wanderung ist die richtige Ausrüstung. Darum: auch bei warmem Wetter immer Ersatz-Shirts und Regenjacken für alle einpacken. Lange Hosen schützen besser, wenn man durch das Gebüsch oder Unterholz läuft (Zecken!) oder auf Steine und Bäume klettert. Auch bei leichten Touren muss man festes Schuhwerk tragen! Ideal sind knöchelhohe leichte Wanderschuhe. Auch auf rutschfeste Sohlen ist zu achten. Erwachsene sollten bei Wanderungen immer feste Wanderschuhe tragen; vor allem wenn man ein kleines Kind zeitweilig tragen muss, ist es sehr wichtig, einen guten Halt zu haben.

Radtouren

Einige Tausend Fahrradkilometer stehen den Bewohnern rechts und links des Rheins auf den Radwegen und anderen Wegen zur Verfügung. Da die Hauptkriterien für die Auswahl von gefahrlosen Radtouren waren, dass die Wege möglichst autofrei und landschaftlich reizvoll sind, konnten wir auch für das radfreundliche Rheinland einige Radtouren aufnehmen. Genau wie für die Wanderungen gilt auch für die Radtouren: Warme Kleidung und Regenjacken, besser Umhänge, nicht vergessen. Und auch nicht den Fahrradhelm für Kids und Eltern!

Schwimmen

Das Rheinland ist eine mit Frei- und Hallenbädern sowie Fluss- und Strandbädern sehr reich gesegnete Region. Daher haben wir nur eine Auswahl zusammengestellt.

Und noch ein Tipp

Zusätzlich zu den Angeboten und Darstellungen in diesem Buch bieten die Touristeninformationen Prospekte, Karten und Broschüren zu vielen der beschriebenen Ausflugsziele an.

Weitere Anregungen nehmen Autor und Verlag gerne auf. Wenn Sie etwas Neues mit Ihren Kids entdecken, dann schreiben Sie uns bitte.

Und nun – viel Spaß und tolle Begegnungen mit anderen Kids und Eltern!

Spartipp

auch für kleine Kinder geeignet

Abenteuer

Unternehmungen mit Tieren

Lehrreiches

Fahrradtouren

Wanderungen

Unternehmungen am Wasser

Abenteuer draußen

1 Zoologischer Garten – Botanischer Garten

Eine Tier- und Pflanzenwelt voller Wunder

Ein Spaziergang mit der Familie durch den Zoo ist auch immer ein erholsamer Ausflug im Grünen. Das schätzen sogar Familien, die aus der Nachbarschaft, aus Düsseldorf oder gar den Niederlanden in den Zoo kommen.

Daraus wird hier sogar eine kleine Naturkundeexpedition zu Tieren und Pflanzen: Der Park selber hat eine Größe von 13 ha mit einem alten Baumbestand, großen Weideflächen, Teichen und mit tropischen Pflanzen ausgestatteten Tierhäusern – eine Insel der Ruhe und Ausgeglichenheit, auf der sich Familien erholen können!

Der Krefelder Zoo besteht bereits über 50 Jahre und hat sich aus einem kleinen Tierpark zu einem Lebensraum für über 1200 Tiere aus ca. 240 ver-

---

■ **Information:** Krefelder Zoo, Uerdinger Str. 377, 47800 Krefeld, Tel.: 02151/95 52-0.
Botanischer Garten, Schönwasserpark, An der Schönwasserstraße, oder Sandberg 2a, 47809 Krefeld, Tel.: 02151/54 05 19.
■ **Öffnungszeiten:** Zoo: Sommer 8–19 Uhr, März+Okt. 9–18 Uhr, Nov.–Feb. 9–17 Uhr; Botan. Garten: 1.4.–31.10 täglich 8–18 Uhr; 1.11.–31.3. Mo.–Do. 9–15 Uhr, Fr. 9–12 Uhr.
■ **Kosten:** Zoo: Erwachsene 8,50 €, Kids 4 €, Familienkarten 15 € und 22 € Botan. Garten: kostenlos.
■ **Einkehr:** Zoo: Einkehrmöglichkeiten im Grotenburg-Schlösschen im Zoo. Botan. Garten: keine Einkehrmöglichkeit.
■ **Verkehrsanbindung:** Zoo: Straßenbahnen 042, 043, Haltestelle Grotenburg/Zoo.
Botan. Garten: Straßenbahn 044, Haltestelle Botanischer Garten.
■ **Parken:** Reichlich Parkplätze am Zoo. Botan. Garten: Parkplätze am Haus Schönwasser.

Neben den Tieren besonders beliebt: der Erlebnisspielplatz im Zoo

schiedenen Arten entwickelt. In großen Freianlagen oder in modernen Tierhäusern werden die Tiere je nach ihren Ansprüchen in Herden, Familien oder paarweise gehalten. Im direkten Kontakt mit dem Tier lernen Kids andere Lebewesen kennen, und Erwachsene können in Ruhe das Verhalten der Tiere studieren.

Vom afrikanischen Kontinent sind Gorillas, Schimpansen, Nashörner, Löwen, Krokodile und mehr vertreten. Australien präsentiert z. B. Kängurus und Emus, Asien die mächtigen Orang-Utans und Elefanten, Amerika dagegen Ameisenbären, Faultiere und Mähnenwölfe. Aber das ist lange nicht alles. Alle Tiere stehen stellvertretend für ihre Artgenossen in der freien Wildbahn, deren Lebensraum immer enger wird.

Besonders hervorzuhebende Einrichtungen des Krefelder Zoos sind das tropische Affenhaus für die drei großen Menschenaffenarten, das Großtierhaus mit Elefanten und die tropische Vogelhalle. Neueste Attraktion ist die Südamerika-Anlage mit Wasserschweinen und Tapiren.

Bei den Züchtungen hat der Zoo etwas Besonderes aufzuweisen: Hier entwickelte sich die bedeutendste Schneeleopardenzucht Deutschlands. Fünf Paare werden hier gehalten und der Nachwuchs in alle Welt vermittelt.

Aber nicht nur die Tiere, sondern auch die Pflanzen im Botanischen Garten sind etwas für die kleinen Naturforscher. Auf dem Gelände eines Schulgartens wurde auf 45 000 Quadratmetern ein Botanischer Garten mit seltenen Kakteen, fleischfressenden Pflanzen, Orchideen und anderen botanischen Kostbarkeiten angelegt. Unterrichtsplätze an der freien Luft stehen ebenso zur Verfügung wie ein Lehrpavillon, der mit Mikroskopen, Lupen und anderem ausgestattet ist.

Im Gleichschritt marsch – die Nashornmutter und ihr Junges

Sehenswürdigkeiten mit einem Stadtspiel erleben   2

Mit dem Rad von Stadtteil zu Stadtteil oder zur »Arche Noah«

In der eigenen Stadt bleibt über die Jahre vieles unentdeckt. Hier bietet sich die Gelegenheit, einmal – mit dem Rad – solche unbekannten Winkel und Gässchen zu erschließen.

Wir starten mit dem Rad in Büderich-Necklenbroich am Sportplatz und fahren über die Necklenbroicher Straße, bis wir rechts in die Schackumer Straße abbiegen können. An der Gabelung geht es links zum Haus Schackum.

Hinter dem Haus geht die Strecke rechts auf den Röttgenweg am Röttgenhof vorbei und durch den südlichen Zipfel des Waldes. Die Strecke kreuzt eine Teichanlage. Wir unterqueren die Autobahn, kreuzen die Bahnlinie und halten uns bei den ersten Häusern auf dem schmalen Feldweg nach rechts. Auf der Greit geht es nach links und kurz darauf über die Kaarster Straße nach Norden zum Ortsteil Osterrath.

■ **Information:** Stadt Meerbusch, Dorfstr. 20, 40667 Meerbusch,
Tel.: 02132/916-0, www.meerbusch.de Jugendfarm Meerbusch,
Marienburger Straße, 40667 Meerbusch-Büderich, Tel.: 02132/734 61 oder
0172/211 43 16, www.archenoah-meerbusch.de; hans@miedel.info.
■ **Öffnungszeiten:** Ganzjährig befahrbar.
Arche Noah: tägl. 15–18 Uhr im Winter bis Einbruch d. Dunkelheit.
■ **Kosten:** Stadtplan mit eingezeichneten Straßen und Wegen
Arche Noah: Erwachsene 2,50 €, Kids ab 2 Jahren 1 €, Ponyreiten 1,50 €.
■ **Einkehr:** Rad- und Wanderverpflegung empfohlen.
■ **Verkehrsanbindung:** PKW: über die A52, Abfahrt Meerbusch-Büderich,
Neusser Straße, Düsseldorfer Straße, Necklenbroicher Weg.
Arche Noah: U70/74/76 bis Meerbusch-Büderich, Bus 828, 838 Grünstraße,
830 Deutsches Eck. PKW A52 Ausfahrt 14 Büderich/Neuss, B9.
■ **Parken:** Am Sportplatz.

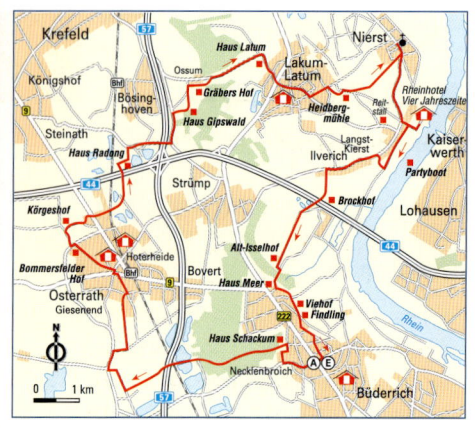

Über den Bommershofer Weg hinter der Kirche führt der Weg zu den Bommershöfen, den Körgershof und östlich über den Meyersweg in die Görgesheide mit den Teichanlagen.

Über einen Feldweg, der nördlich abknickt und die AB wieder unterquert, kommen wir zum Haus Radung, vorbei an vielen Teichen rechts und links des Weges, und fahren nach Bösinghoven. Über die Bösinghover Straße stoßen wir auf die Straße An der Autobahn, fahren ein kleines Stückchen südlich nach rechts und verlassen sofort mit dem ersten Abzweig links in Richtung Ossum die große Straße. Hier liegt Haus Gripswald.

Hinter der Kirche finden wir Gräbers Hof. Leider geht es wieder ein Stück nach rechts über die große Bismarckstraße bis Haus Latum. Diese Straße geht weiter, kreuzt die Uerdinger Straße und führt als Kaiserswerther Straße durch Lank-Latum, wo wir die Teloy-Mühle aufsuchen. Dann radeln wir bis zum Abzweig hinter dem Friedhof an der Heidbergmühle vorbei.

Tipp

Eine Alternative ist die »Arche Noah«, man könnte sie Jugendfarm, Streichelzoo oder Gnadenhof nennen, denn sie ist Zufluchtsort und Heimat für Tiere, die ein Zuhause brauchen. Kids und Jugendliche betreuen die Tiere zusammen mit Erwachsenen. Kids werden ab 8 Jahren in dieses Team aufgenommen. Hier kann man auch Ponyreiten und Rikscha fahren.

In Nierst liegt die Pfarrkirche St. Cyriakus. Von dort erreichen wir über den Kullenberg die Rheinfähre in Langst-Kierst. Im nächsten Ortsteil Ilverich ist die Galerie im Ort einen Besuch wert. Der Weg An der alten Schule führt nun durch die stillen Rheinauen vorbei am Brockhof zum Alten Isselhof und weiter zum Haus Meer.

Am Viehhof vorbei finden wir über Brühl und die Straßen Am Breil, Am Flehkamp, der Pfarrkirche, Weseler Straße und Büdericher Allee zum Ausgangspunkt am Sportplatz zurück.

Rundgang durch 2000-jährige Geschichte

3 💡

Vom römischen Handelsplatz zur modernen Großstadt

Wachtürme sicherten den Limes.

Neuss gehört zu den ältesten Städten Deutschlands. Ihre mehr als 2000-jährige Geschichte reicht zurück bis in die Römerzeit. Denn bereits zur Zeit des Kaisers Augustus, um 16 v. Chr., errichteten die Römer südlich der heutigen Neusser Altstadt ein Militärlager.

Das römische Militärlager lag an der wichtigen Römerstraße von Köln nach Xanten, dort, wo die Erft in den Rhein mündet. Dieser Bereich zwischen dem großen Strom, dem kleineren Fluss und dem sumpfigen »Meertal« war

---

■ **Information:** Tourist Information Neuss, Büchel 6, 41460 Neuss,
Tel.: 02131/403 77 95,
Clemens-Sels-Museum Neuss, Am Obertor, 41460 Neuss,
Tel.: 02131/90 41 41, Fax: 90 24 72,
Kinderbauernhof der Stadt Neuss, Nixhütter Weg 141, 41466 Neuss,
www.kinderbauernhof-neuss.de, kinderbauernhof@stadt.neuss.de.
■ **Öffnungszeiten:** Ganzjährig möglich.
■ **Kosten:** Führungspreis in Absprache mit der Tourist Information.
■ **Einkehr:** Viele Einkehrmöglichkeiten in der Stadt Neuss.
■ **Verkehrsanbindung:** DB: Hbf Neuss und weiter s. u.
PKW über A46 (bis Autobahnende), A52 (Ausfahrt Neuss) und A57 bis
Ausfahrt Neuss/Hafen, dann weiter Richtung Zentrum.
■ **Parken:** Öffentliche Parkplätze (Tranktor) benutzen.

von der Natur gut gesichert. Vor dem Militärlager entwickelten sich entlang der Ausfallstraßen die Vorstädte, in denen sich die Händler und Handwerker, aber auch feuergefährliche Gewerbebetriebe wie Schmieden, Töpfereien und Ziegeleien ansiedelten. Im Bereich der Innenstadt entfaltete sich eine unabhängige zivile Siedlung. Die ältesten Häuser waren Holzpfostenhäuser, denn erst im 2. Jahrhundert n. Chr. setzten sich Fachwerkhäuser mit Steinsockeln durch. Bis in das 4. Jahrhundert bestand diese Siedlung, an ihrer Stelle entstand später das mittelalterliche Neuss.

Im Kostüm eines Legionärs mit Standarte

Zum römischen Neuss gehörte ein Heiliger Bezirk, das Kastellbad und Landhäuser, aber entlang der römischen Straßen reihten sich auch die Gräber. Römischem Brauch zufolge durften die Toten nicht innerhalb der besiedelten Bezirke bestattet werden. Eine kleine römische Brücke führte damals über die Erft, und das vorgeschobene Reckberg-Kastell mit einem Wachturm musste nahende Besucher melden. Heute begegnet man nur noch einigen wenigen sichtbaren Zeugen dieser abwechslungsreichen Vergangenheit der alten Quirinusstadt aus der Zeit der römischen Weltmacht am Rhein: der Jupitersäule, römischen Steintischen, dem Oclatius- und dem Pancuiusstein sowie der Kybele-Kultstätte.

Junge Hobbyhistoriker erhalten bei Stadtführungen spannende Einblicke in die Entste-

So könnte eine römische Familie angezogen gewesen sein.

hungsgeschichte von Neuss. Franz, eine kleine Handpuppe und Franziskanermönch, erläutert Kindern bis 8 Jahren Entdeckungen in und um die Basilika St. Quirin. Bei der *Geheimoperation Quirinus* geht es für 8- bis 12-Jährige in Anlehnung an das gleichnamige Buch von Susanne Püschel um Geheimnisvolles aus der Stadtgeschichte von den Römern bis zur Gegenwart. Wissensdurst und Kampfgeist sind gefragt, wenn es darum geht, ein Quiz mit kniffeligen Fragen zur Neusser Geschichte zu lösen. Ausgerüstet mit Fragebogen und Stadtplan geht es für junge Entdecker zwischen 10 und 14 Jahren durch den historischen Stadtkern von Neuss. Dem Siegerteam winkt ein kleines Geschenk.

Außerdem bietet das Clemens-Sels-Museum Kinderführungen an: von einer individuellen »Stöbertour« über Erlebnisführungen mit vielen verschiedenen Themen bis hin zu Kindergeburtstagen – auch schon für die Jüngsten ab 4 Jahren.

Tipp

Ein Kontrastprogramm bietet der »Kinderbauernhof«, auf dem sich die Schweine im Mist suhlen, grunzen und sich einfach nur wohlfühlen. Bunte Hühner scharen sich um einen stolzen Hahn, der am Morgen laut kräht, während die Hennen schon das erste Ei legen. Wie im Bilderbuch mutet es an, wenn man durch den großen Torbogen den Innenhof betritt und all die Dinge wiederfindet, die einem schon als Kind vertraut waren. Der alte Waschofen, in dem früher die Wäsche gekocht wurde, raucht schon. Vorbei geht es an vielen Tiergehegen zum Spielplatz mit Wippe, Schaukel und Klettergerüst gleich neben der Gänsewiese. Romantisch wie im Märchen ist es, wenn man unter den Rosenbögen des Bauergartens verweilt und in der Sonne den Glanz des Morgentaus auf den Kräutern entdeckt. Mit lautem Muh melden sich die Kühe von gegenüber. All diese Dinge erwarten kleine und große Besucher auf dem Gelände des Kinderbauernhofes der Stadt Neuss und seiner Umgebung.

4 »Natur pur«

– ob mit Napoleon oder auf dem Kinderbauernhof

Das ist schon eine Kombination: Aber auch mit Napoleon kann man ein Stück Natur erobern, nämlich über die Fietsallee zum »*grand canal du nord*«, und wer mag, schaut mal auf dem Kinderbauernhof nach dem Rechten.

Wer kennt ihn nicht, den General und Kaiser Napoleon, von eigener Hand gekrönt? Aber wussten Sie auch, dass er am Niederrhein einen »grand canal du nord« graben ließ? Nein? Dann aber ab aufs Rad und über die »Fietsallee« auf den Spuren Napoleons geradelt: 25 Kilometer sind bei dieser leichten Tour zu fahren. Sie beginnt bei Neuss-Grimlinghausen, am Ostende des Nordkanals, an der Rheinmündung der Erft bei Neuss-Grimlinghausen (etwa 4 Kilometer vom Hbf Neuss). Ab jetzt erklären Infotafeln alles über Napoleon und den geplanten Kanal, der nie fertig wurde. Im Stadtgebiet von Neuss radelt man über den Scheibendamm, vorbei am alten Brückenwärterhäuschen, dann kann man am Stadtgarten das Entlastungsbauwerk »Epanchoir« anschauen. Der Wasserlauf, der uns begleitet, ist der ehemalige Kanal. In Willich angekommen, ist auch schon der End-

---

■ **Information:** Tourist Information Neuss, Büchel 6, 41460 Neuss, Tel.: 02131/403 77 95, Allgemeiner Deutscher Fahrrad-Club Kreisverband Neuss e.V., Erftstr. 12, 41460 Neuss, Tel.: 02131/739 36 46, Fax: 02131/739 36 45, vorstand@adfc-neuss.de, Kinderbauernhof, Nixhütter Weg 141, 41466 Neuss-Selikum, Tel.: 02131/908 521, Landschaftslehrpfad Infos Grünflächenamt 02131/90-85 00.
■ **Öffnungszeiten:** Radtour ganzjährig möglich; Kinderbauernhof täglich 9–18 Uhr, Werksbahnen in Oekoven: Tel.: 02183/806 83 77 (allgem.), 806 83 78 (Bestellhotline).
■ **Einkehr:** Radverpflegung mitnehmen.
■ **Verkehrsanbindung:** Fietsallee: RB Hbf Neuss; Kinderbauernhof: Neuss Bus 854.
■ **Parken:** Parkmöglichkeiten am Start.

punkt des ehemaligen Wasser führenden Kanals erreicht. Gewaltige Lade-
arbeiten lagen vor den Schiffern, denn die mussten hier ihre Ladung, z. B.
Kohle vom Niederrhein, auf Pferdekarren umladen, um das Kohlelager zu
erreichen. Jetzt geht es auf der »Fietsallee« durch Wiesen und Felder. Dort,
wo sich das Flüsschen Niers mit dem Kanal kreuzen sollte, wartet eine historische Brücke auf die Radler. Bis zum Ziel in Viersen, dem Brückenwärterhäuschen, sind es jetzt nur noch 5 Kilometer.

Eine kürzere, nur 3 Kilometer lange und noch leichtere Tour führt über
den Erft-Radweg zum Kinderbauernhof in Selikum. Hier kann man mit
dem Ziegenbock Alfred Kinderführungen erleben und Hühner, Ziegen,
Schafe, Pferde und Schweine sehen. Es riecht nach Heu und Weideland,
nach Pferdemist und Schweinestall. Hähne krähen, Kaninchen tummeln
sich einträchtig mit Ziegen und Perlhühnern.

Wer noch ein wenig weiter wandert oder fährt, kommt rechts über eine
Brücke in ein schattiges Wäldchen. Geradeaus an der Erft entlang und auf

der anderen Seite zurück kann
man viele Tümpel mit Wasser-
tieren entdecken. Hinter dem
Schloss Reuschenberg liegt die
Wallfahrtskapelle St. Cornelius,
die schon seit 1628 besteht.

Nur wenige Schritte vom Kinderbauernhof entfernt beginnt
der »Landschaftslehrpfad Seli-
kumer Park«. Und noch einmal
ein paar Schritte weiter folgt der
beliebte Barfußpfad. Auf nack-
ten Füßen dürfen Groß und
Klein hier auf einem kleinen
Rundweg über 16 verschiedene
Felder erproben, z. B. Felder mit
Rindenmulch oder Steinen, mit
Muscheln oder Sand – das ist ein
Fest für die Füße und die Sinne.

Moritz wartet auf ein frisches Hühnerei.

23

5 Eine Stadt lädt ein zu Entdeckungstouren

Mit den Radschlägern durch die Stadt

Vor 700 Jahren war es der »Freudendreher« nach dem Sieg der Düsseldorfer über den Erzbischof von Köln in der Schlacht bei Worringen (1288). Heute zeigen die Kids in unserer Stadt ihre Kunststückchen als Radschläger für »eene Penning«. Aber was ist ein Pfennig im Zeitalter des Euro noch wert?

Durch die Altstadt geht es über wundervolles originales Kopfsteinpflaster, über das schon der berühmte Jan Wellem geritten sein soll. Weiter zur Stiftskirche St. Lambertus mit der schiefen, verdrehten Kirchturmhaube, die das Wahrzeichen der Stadt wurde. Warum? Das können die Radschläger schnell erklären. Vom Burgplatz führt eine breite Freitreppe zum Rhein oder zu den Bastionen: da standen einmal Geschütze, um die Stadt gegen Angriffe vom Fluss her zu verteidigen. Am Südwestrand der City, direkt am Rheinstrom, weniger als 1000 Meter Luftlinie von Altstadt und Königsallee entfernt, liegt der neue »Medienhafen«. Große Architekten

■ **Information:** Düsseldorf Tourismus, Hbf Immermannstr. 65 b, 40213 Düsseldorf, Tel.: 0211/172 02-844 oder Altstadt Marktstr./Rheinstr. Tel.: 0211/172 02-840, www.duesseldorf-tourismus.de; info@duesseldorf-tourismus.de.
■ **Öffnungszeiten:** Stadtbesichtigung ganzjährig möglich, Info über Tourismus.
■ **Kosten:** Nach Absprache und Gruppengröße.
■ **Einkehr:** Kleine und große Einkehrmöglichkeiten in der Altstadt.
■ **Verkehrsanbindung:** PKW: ab Duisburg B8; ab Essen A52-A44 oder A52-B 1; ab Köln/Wuppertal A3-A46-B1; ab Köln/Krefeld/Neuss A57-A52-B7; Ausschilderung Zentrum folgen, im Nahbereich der Ausschilderung Oper folgen.
DB ab Hbf mit allen U-Bahnen bis Haltestelle Heinrich-Heine-Allee.
■ **Parken:** Parkhaus Grabbeplatz.

haben ihre Bauwerke hinterlassen, die zwischen den alten Hafengebäuden in den Himmel ragen. Diese Baukünstler haben dafür gesorgt, dass in diesem Quartier Vergangenheit und Zukunft eine überzeugende Partnerschaft eingegangen sind.

Apropos Denkmalschutz, die alten Kräne

Die Radschläger am Rhein: »eene Cent«

stehen noch am Rhein, und im Schlossturm wird Schifffahrtsgeschichte von 2000 Jahren gezeigt. Jetzt werden die Radschläger besonders aktiv: rund um den Radschlägerbrunnen zeigen sie ihre Künste. Nicht weit entfernt grüßt der Kurfürst Jan Wellem hoch zu Ross vor dem Rathaus. Richtige Paläste stehen in den nächsten Straßen und zeigen noch ein wenig vom Leben im 17. bis 19. Jahrhundert: zum Beispiel das Palais Nesselrode. Große Namen tauchen hier neben den kleinen Radschlägern auf: Der Dichter Heinrich Heine, der Komponist Robert Schumann und seine Frau Clara, eine große Pianistin.

Das Reiterstandbild des Kurfürsten Jan Wellem

Tipp

Zum Abschluss bietet sich ein Besuch der »Kunstachse« an: Da reihen sich die Kunsthalle, die Kunstsammlung Nordrhein-Westfalen, die Kunstakademie und das Museum Kunstpalast auf engstem Raum aneinander. Hier treffen Kunstfreunde und Studenten, Maler, Bildhauer und andere gestaltenden Künstler zusammen.

6 Auf den Spuren Kaiser Barbarossas

Malerische Erkundung im Mittelalter

Der kleine Stadtteil Kaiserswerth hat sich über Jahrhunderte hinweg sein malerisches Bild bewahrt. Bei einem Rundgang steht man plötzlich in der alten *Kaiserpfalz von Kaiser Barbarossa*.

Ein Modell der Kaiserpfalz

Überall in diesen Königshöfen waren für den Herrscher feste Paläste aus Stein errichtet worden und eine Kirche dazu, oder aber wenigstens eine Kapelle. Die Bediensteten und Begleiter wohnten in den Häusern ringsum, oft weniger komfortabel, viele von ihnen mussten sogar mit Zelten vorliebnehmen. Nur die Edelleute, die Armeeführer, die Sekretäre und Berater des engsten Kreises lebten im Palast oder dessen Nebengebäude.

Die meisten Pfalzen waren nichts weiter als große Landgüter. Sie verfügten über eine Herrenhalle mit einem Hochsitz als Thron, die zugleich als Festsaal und Konferenzraum diente. Zum Hof gehörte auch eine Hofkapelle. Die Bezeichnung leitet sich von dem halben Mantel, der *capella*, des heiligen Martin von Tours ab. Einige Geistliche hielten dort den Hofgot-

---

■ **Information:** Düsseldorf Tourismus, Hbf Immermannstr. 65 b, 40213 Düsseldorf, Tel.: 0211/172 02-844 oder Altstadt Marktstr./Rheinstr. Tel.: 0211/172 02-840, www.duesseldorf-tourismus.de; info@duesseldorf-tourismus.de, kontakt@kaiserpfalz-kaiserswerth.de.

■ **Öffnungszeiten:** Stadtbesichtigung ganzjährig, Kaiserpfalz von Karfreitag bis 31.10. täglich von 9–18 Uhr.

■ **Kosten:** Stadtführung nach Absprache und Gruppengröße, Kaiserpfalz frei.

■ **Einkehr:** Einkehrmöglichkeiten in Kaiserswerth.

■ **Verkehrsanbindung:** Mit der U-Bahn U79 bis Kaiserswerth.

■ **Parken:** Parkhinweise beachten.

tesdienst. Außerdem hatten sie die Aufgabe, den Reliquienschatz zu hüten und Urkunden zu fertigen, da sie oft die einzigen waren, die des Lesens und Schreibens kundig waren. Daneben gab es einige Fachwerkbauten, Scheunen und nur wenige Steinhäuser. Der Pfalzgraf verwaltete in Abwesenheit des Königs den Hof, auf dem es wie auf anderen Bauerngütern zuging: Vieh wurde angetrieben und gemästet, Getreide eingefahren, Hühner und Gänse schnatterten und gackerten über den Vorplatz, und die Knechte und Mägde standen schwatzend am Brunnen, bis der Großknecht sie auseinandertrieb. In den Scheunen und Häusern ließ der König den abgelieferten Zehnten aufstapeln, um genügend Vorräte aufzufinden, von hier ging er zur Jagd, von hieraus regierte er, wenn er sich mit großem Tross von einem Königshof zum anderen durchs Land begab.

Außerdem kann man noch die Basilika aus dem 11. Jahrhundert und Häuser aus einer ganz anderen Achitekturperiode am alten Marktplatz entdecken – nämlich aus dem Barock.

Kaiser Barbarossa hoch zu Ross

27

7 Inlineskating auf der Rheinuferpromenade

Fahrt mit den Köln-Düsseldorfern oder der Weißen Flotte

Es war faszinierend zu beobachten, wie sich entlang des Rheins auf der Promenade junge und ältere Inlineskater vergnügten. Am schönsten schien es am Nachmittag bis in den langen Sommerabend hinein zu sein.

Keine Raserei, sondern elegantes langes Ausschwingen, Ausrollen über den glatten Promenadenbelag. Fröhliche Gesichter, Lachen, Rufe – Vergnügen!

Hier unten kann man auch auf einen Ausflugsdampfer steigen, an Deck Platz nehmen und dann die Kulisse der Stadt und die malerische Niederrheinlandschaft an sich vorbeiziehen lassen.

Eine Rheinfahrt, die ist lustig! Stattliche Schiffe, wenn diese weißen Damen über den Rhein dampfen! Und hinter dem Ruder steht ein richtiger Käpt'n in dunkelblauer Uniform mit goldenen Streifen und einer wei-

---

■ **Information:** »Köln-Düsseldorfer«, Anlegestelle Rheinuferpromenade Düsseldorf, 40213 Düsseldorf, Tel.: 0221/20 88-318, kd-duesseldorf@gmx.de
»Weiße Flotte Düsseldorf«, Fringsstr. 11 a, 40221 Düsseldorf, ticketverkauf@weisseflotteduesseldorf.de, Tel.: 0211/30 86 72 oder 32 61 24
Düsseldorf Tourismus, Hbf Immermannstr. 65 b, 40213 Düsseldorf, Tel.: 0211/172 02-844 oder Altstadt Marktstr./Rheinstr. Tel.: 0211/172 02-840, www.duesseldorf-tourismus.de; info@duesseldorf-tourismus.de.
■ **Öffnungszeiten:** Fahrzeiten bitte aus den Fahrplänen entnehmen.
■ **Verkehrsanbindung:** PKW: Ab Duisburg B8; ab Essen A52-A44 oder A52-B1; ab Köln/Wuppertal A3-A46-B1; ab Köln/Krefeld/Neuss A57-A52-B7; Ausschilderung Zentrum folgen, im Nahbereich der Ausschilderung »Rheinufer/Altstadt«.
DB ab Hbf mit U-Bahn oder Straßenbahn bis Haltestelle »Heinrich-Heine-Allee« sowie alle Bahnen Richtung Altstadt.

Ob mit KD oder Weißer Flotte – eine Bootsfahrt, die ist lustig!

ßen Kapitänsmütze. Sicher steuert er von vielen Orten mit Anlegestellen am Rhein aus das eine Schiff durch die graublauen Fluten bis nach Duisburg oder ein anderes nach Orsoy und ein drittes nach Xanten. Es gibt sogar Fahrten bis Arnheim oder Rotterdam in den Niederlanden, aber darüber informiert der Fahrplan viel genauer.

»Eine Seefahrt, die ist lustig« – nun, das gilt für eine Flussfahrt ebenso. Auch wenn es einmal regnet, gibt es unter Deck immerhin gemütliche Salonplätze. Aber vor allem bei Sonnenschein hat man reichlich Platz auf den Freidecks. Seitliche Schaufelräder treiben das Schiff an, das recht flach auf dem Wasser liegt, eine lustige blau-weiße Reling hat und einen fröhlich bunten Schornstein.

Vielleicht macht die Familie mal so eine Dixieland–Fahrt mit oder begleitet Oma und Opa, wenn es Kaffee und Kuchen auf dem Schiff gibt – natürlich auch für die Kids. Sollten Sie einmal bis Rotterdam fahren, dann wird aus der Flussfahrt doch noch eine Seefahrt, denn Rotterdam ist der größte Seehafen der Welt. Und wenn man in Duisburg den größten Binnenhafen der Welt gesehen hat, dann muss man natürlich auch einmal den größten Seehafen erleben. Also, Schiff ahoi!

8 Mit St. Martin zu Pferd

Mit Laternen durch die Altstadt zum Rathaus

Die Martinsumzüge am Vorabend oder am Martinstag selber sind bis heute erhaltenes Brauchtum. Der erste in Düsseldorf wird 1886 bekundet.

Noch älter sind Nachweise von Umzügen am Niederrhein, wo in Viersen und Dülken 1867 die ersten Umzüge stattgefunden haben sollen. Hier wie in vielen anderen Orten kommt der Heilige auf einem Schimmel dahergeritten. Kids mit Laternen und Erwachsene mit Fackeln begleiten ihn. Die Martinslieder werden gesungen. Dann wird das Martinsspiel aufgeführt und schließlich eine süße Gabe verteilt.

Noch um 1800 gab es in Köln und Düsseldorf den Brauch der Martinsmännchen. Auf den Schultern eines Kameraden, geführt von zwei Begleitern mit Rübenfackeln und der restlichen Kinderschar der jeweiligen Pfarrei, ging man singend und um Gaben heischend, also bettelnd, durch das Dorf von Haus zu Haus. In Düsseldorf nennt man es »Gripschen«, niederdeutsch Griepen = greifen, haschen. Nach anderen Berichten zog die für das Martinsfeuer bettelnde Jugend mit einem auf einer Stange getragenen »Kogel«, das heißt Kapuze, durch die Straßen. Dieser Kogel stellte die Kutte des heiligen Martin dar. Seine echte Kapuze oder Kappe pflegte man einst auf ähnliche Weise dem fränkischen Heer voranzutragen, wenn es in den Krieg zog.

Die Gebefreudigkeit in Stadt und Land machten sich insbesondere auch die fahrenden Schüler

---

■ **Information:**
Düsseldorf Tourismus, Hbf Immermannstr. 65 b, 40213 Düsseldorf, Tel.: 0211/172 02-844 oder Altstadt Marktstr./Rheinstr. Tel.: 0211/172 02-840, www.duesseldorf-tourismus.de; info@duesseldorf-tourismus.de.

■ **Öffnungszeiten:** Jedes Jahr am 10.11. ab 17 Uhr Martinszug die Altstadt, Mantelteilung vor dem Rathaus. Stadtbesichtigung ganzjährig.

■ **Kosten:** Kleine und große Einkehrmöglichkeiten in der Altstadt.

■ **Verkehrsanbindung:** PKW: Ab Duisburg B8; ab Essen A52-A44 oder A52-B1; ab Köln/Wuppertal A3-A46-B1; ab Köln/Krefeld/Neuss A57-A52-B7; Ausschilderung Zentrum folgen, im Nahbereich der Ausschilderung Altstadt. DB ab Hbf mit allen U-Bahnen.

■ **Parken:** Parkhaushinweise beachten.

und Studenten, die sogenannten Vaganten und Scholaren, zunutze. Mit Gesang erbettelten sie Zehrgeld und Esswaren. Anfang des 16. Jahrhunderts zogen die Schüler in Köln am Martinsabend singend vor die Häuser und erhielten das, was vom Essen übrig geblieben war. In der Mitte desselben Jahrhunderts schon verbot aber die fürstliche Regierung das Singen und die Bettelei der Kids am Martinstag. Abgeschlossen wurden solche Heischegänge mit dem Lied:

Hier wohnt ein reicher Mann,
der uns vieles geben kann.
Lang soll er leben, selig soll er sterben,
sich das Himmelreich erwerben.

Tipp

Ein anderes Stück Stadtgeschichte ist in einem Werk der neueren bildenden Kunst des Malers Julius P. Junghanns zu sehen: In Ritterrüstung teilt Martin den Mantel vor der Stadtansicht von Düsseldorf mit Lambertuskirche, Rheinbrücke und Laternenumzug.
In der Düsseldorfer St.-Lambertus-Kirche wird der Bußaltar, der sog. Schneider-Altar, im gesprengten Giebel des Altaraufsatzes von einem Medaillon mit dem Mantel-teilenden Reiter gekrönt. Der Altar ist der Zunftaltar der Schneider, da St. Martin auch Patron dieses alten Handwerks ist.

St. Martin teilt seinen Mantel

Hatte das Singen aber nicht den gewünschten Erfolg, so ertönte der Ruf »Jitzhalz« (Geizhals), und mit lautem »Habuuuh« lief die Gruppe weiter.

Heute ist es Stadtgeschichte, dass sich die Kids in Düsseldorf bei Einbruch der Dunkelheit in allen Stadtteilen zu Hunderten in die Fackelzüge einreihen. Höhepunkt ist die Mantelteilung, die besonders eindrucksvoll in der Altstadt vor dem Rathaus nachgestellt wird. Zum Abschluss gibt es dann einen süßen »Weckmann« (Stutenkerl).

9 Freizeitanlage »Blauer See«

Am »Blauen See«: Naturbühne, Spiele und Märchenzoo

Jetzt soll eine Tour in das wildromantische Gebiet des »Blauen Sees« führen. Wanderwege schlängeln sich durch ein erholsames Waldgebiet oder zu den einzelnen Attraktionen.

Auch Pipi Langstrumpf ist dabei.

Am »Blauen See« selber laden Boote zu einer Kahnpartie ein. Da kann man sich mächtig in die Ruder legen und von Ufer zu Ufer rudern: bis an den Sandstrand, zu den hohen Felsen oder zum Waldrand. Wer es gemütlicher mag, der nimmt eines von den Tretbooten. Oder vielleicht mit Brille und Schnorchel ab in die Unterwasserwelt, zu der geheimnisvollen Fauna und Flora? Eine Fahrt mit der Minieisen-

■ **Information:** Freizeitpark, Zum Blauen See 20, 40878 Ratingen, weitere ausführliche Infos im Internet: www.blauersee-ratingen.de
Tourist-Information, Rathaus, rechter Flügel, Minoritenstraße 2-6, 40878 Ratingen, Tel.: 02102/550-411 1, Fax: 550-94 11
E-Mail: touristinfo@ratingen.de.
■ **Öffnungszeiten:** Blauer See ganzjährig Mo-So 10-23 Uhr.
■ **Kosten:** Eintritt in das Gelände ist kostenlos; bei den einzelnen Angeboten unterschiedliche Preise, s. Internet.
■ **Einkehr:** Gaststätte »Seepavillon« am Blauen See; ein Kiosk; außerdem ein überdachter Grillplatz.
■ **Verkehrsanbindung:** PKW: A52 oder A3 Abfahrt Breitscheid, Richtung Ratingen und den Hinweisschildern »Blauer See« folgen.
Bahn und Bus vom S-Bahnhof Ratingen Ost bis Haltestelle »Blauer See«, dann Fußweg 5 Minuten (Ausschilderung).
■ **Parken:** Großer Parkplatz am Eingang.

Für Mutige: der Hochseilgarten

bahn ist recht gemütlich. Zum Herumtoben gibt es Kinderspielplätze mit Autoscooter und Trampolin. Minikarussell, Minigolf und Minieis – zur Belohnung darf es auch ein großes sein – im Seepavillon oder am Kiosk, wo auch noch Bratwürste, Gulaschsuppe oder Spaghetti bereitstehen. Denn eine spannende Nacht im Indianercamp am prasselnden Lagerfeuer wartet noch auf die ganz Mutigen. Oder das Abenteuer Hochseilgarten, etwas für Furchtlose! Für die jüngeren Besucher ist da noch der Märchenzoo, der mit vielen bekannten Märchengestalten alte und junge Märchenfreunde erfreut.

Die Naturbühne am See bringt auch in diesem Jahr ein neues Stück, nämlich den berühmten »Wickie«, nachdem schon »Oh wie schön ist Panama« oder »Pinocchio« über die Bretter gingen.

Tipp

Junge Sammler von allen möglichen Dingen sollten sich am besten den Samstag oder Sonntag mit dem riesigen Trödelmarkt merken!
Die Märkte in Ratingen finden sonntags von 11:00 Uhr bis 18:00 Uhr, Märkte am Samstag von 9:00 Uhr bis 18:00 Uhr statt.

10 Rundgang durch die historische Altstadt

Auf den Spuren der Stadtgeschichte

Ratingen ist schon über 1000 Jahre alt und hat auch so manchen Sturm erlebt. Wie sich die Stadt mit noch wenigen Überbleibseln aus der alten Zeit darstellt, wie sie aber über ihre alten Grenzen hinausgewachsen ist, das soll dieser Besuch mit einem Rundgang durch Ratingen zeigen.

■ **Information:** Tourist-Information, Rathaus, rechter Flügel, Minoritenstraße 2-6, 40878 Ratingen, Tel.: 02102/550-41 11, Fax: 550-94 11 E-Mail: touristinfo@ ratingen.de.

■ **Öffnungszeiten:** Ganzjährig zu begehen.

■ **Kosten:** Einkehr in vielen Gaststätten der Innenstadt.

■ **Verkehrsanbindung:** PKW: A52 oder A3 Abfahrt Breitscheid, Richtung Hösel und den Hinweisschildern »Blauer See« folgen. Bahn und Bus vom S-Bahnhof Ratingen Ost mit Buslinie 753 bis Haltestelle »Blauer See«, dann Fußweg 5 Minuten (Ausschilderung).

■ **Parken:** Parkplätze sind ausgeschildert.

Vor über 1000 Jahren lebten an der Stelle der heutigen Stadt Ratingen nur sehr wenige Menschen vom Stamm der Franken. Da diese Siedlung in der Nähe von zwei großen Fernstraßen lag, dem »Hellweg« und einer anderen Straße vom Niederrhein nach Köln, konnte sie sich schnell zu einem Pfarr- und Marktdorf entwickeln. Diese kleine Siedlung hieß zunächst »Hretinga«. Immer mehr Bauern, Handwerker und Händler kamen und bauten ihre Häuser. So wuchs Hretinga zwischen 800 und 1276 zu einer Stadt heran, die in besagtem Jahr ihre Stadtrechte erhielt. Ratingen durfte sich nun selber verwalten, Märkte abhalten, Gericht halten und vor allem die Stadt mit Türmen und Toren befestigen. In den unruhigen Zeiten des Mittelalters war das für die Bürger sehr wichtig. Immer wieder standen irgendwelche Banden und Soldatenheere vor den Mauern und wollten die Stadt ausplündern. Die steinerne Mauer war damals 8–9 Meter hoch und 1,50 Meter dick. Aus 15 großen Wachtürmen und mehreren Toranlagen schauten die Stadtsoldaten ins Land, wer da nach Ratingen hineinwollte.

Unsere Stadtbesichtigung machen wir mit dem kleinen Heft von der Sparkasse, klappen den Plan hinten heraus und beginnen am Marktplatz, gehen zur Pfarrkirche St. Peter und Paul (gotische Hallenkirche von 1280), weiter zum Haus der Räte, vorbei am Alten Gymnasium, Minoritenkloster und dem Bürgerhaus »In der Crone«. Über alle diese Gebäude erzählt das Heftchen viele Einzelheiten. Von der evangelischen Kirche kommen wir zum Stadtmuseum, da machen wir eine Pause und besuchen die stadtgeschichtliche Abteilung. Von der Hauser Kapelle (gegenüber war einmal der Judenfriedhof) geht es zur Wasserburg »Haus zum Haus«. Hier wird die Sage von den Heinzelmännchen erzählt.

Cromford-Park und Cromford-Museum (s. Nr. 46) kennen wir ja schon, deshalb führt der Weg weiter zu den Türmen der Stadt, und am Trinsenturm kann man noch den alten Wehrgang begehen, von dem aus einmal die Stadt verteidigt wurde.

Alte Gassen und seltsam gebaute Fachwerkhäuser

11 Die Neandertalstadt

Eine Nostalgiereise mit Dampflok zu Urmenschen und Urochsen

Wer hätte nicht schon einmal etwas über den »Neandertaler« gehört? Und nun kann man ihn auch noch besichtigen – wenn das mal keine tolle Sache ist.

Am Eingang zum Neandertal liegt Haus Brück, das früher Zur Brüggen hieß und seinen Namen der Gerichtsstätte oberhalb des Rittersitzes verdankt. 1392 wird der Hof Bruege in einer Stiftung Herzog Wilhelms III. von Jülich-Berg erwähnt. Während des Dreißigjährigen Krieges wechseln die Besitzer. 1750 wurde das Haus umgebaut. Heute ist das Haus Brück mit Wassergraben und Brücke die einzige erhaltene Wasserburg nahe der Düsselstadt Erkrath.

1856 fanden Arbeiter in der Feldhofer Grotte eine Hirnschale und Knochen, die der Elberfelder Lehrer und Naturwissenschaftler Johann Carl Fuhlrott als Skelettreste eines eiszeitlichen Menschen analysierte. Der Leh-

---

■ **Information:** Neanderthal Museum, Talstr. 300, 40822 Mettmann, Tel.: 02104/97 97 97, Fax: 97 97 96.

■ **Öffnungszeiten:** Di.-So. 10–18 Uhr

■ **Kosten:** Erwachsene 9 €, Kids 6-14 Jahre 5,50 €, Schulklassen 4 €, Gruppen (ab 10 P.) 8 €, Familienkarte 20 % Rabatt; Führungen für Schulklassen und Erwachsenengruppen nach Vereinbarung, Di.–Do. 9–13 und 14–16 Uhr, tel. Anmeldung 02104/97 97 15
Steinzeitwerkstatt für Schulklassen und Gruppen.

■ **Einkehr:** Cafeteria Neanderthal Museum und drei Gaststätten in der Nähe.

■ **Verkehrsanbindung:** S-Bahn-Linie 8 Mönchengladbach-Hagen-MG, Haltestelle Hochdahl, Fußweg zum Museum; Regionalbahn DB 66 Mettmann-Düsseldorf-M, Haltestelle Neanderthal, Fußweg zum Museum; Buslinie 741 Mettmann-Hilden-M, Haltestelle Neanderthal am Museum; Buslinie 743 Rheinbahn Mettmann-Erkrath-M., Haltestelle Neanderthal am Museum.

■ **Parken:** Am Museum kostenpflichtig, am Wochenende in kurzer Entfernung zwei kostenlose Parkplätze.

---

rer bekam viel Ärger mit der damaligen wissenschaftlichen Auffassung, da man der Lehre anhing, der Mensch sei im Prinzip unverändert seit seiner Erschaffung durch Gott. Aber weitere Funde an anderen Stellen bestätigten die These Fuhlrotts. Nun entstand der Begriff »homo sapiens neanderthalensis« für diesen Fund. Der Originalfund wird im Rheinischen Landesmuseum in Bonn gezeigt, und er wird in aller Welt als »homo neanderthalensis«, der Neandertaler, bezeichnet. Im Neandertal selbst findet man ein urgeschichtliches Museum – kurz nach dem Eingang in den Park unterhalb des Bahnhofs, links vom Wanderweg –, das ebenfalls einen Einblick in die Lebensweise und Umwelt der Urmenschen gewährt. Im Zeittunnel werden die sechs großen Etappen der Menschheitsgeschichte inszeniert: Man erlebt, wie alles anfing, und sieht diese robusten Frühmenschen, die keine Steinzeitrambos waren, sondern intelligente Menschen mit reichem Wissen und einer entwickelten Technik. Dann sieht man die Werkzeuge, vor allem aus Stein, trifft diesen Homo als Weltenwanderer auf allen Kontinenten, lernt den Mythos und die Religion kennen und erfährt schließlich, wie die Menschen sesshaft wurden. Seit dem Jahre 2002 kann man auch wieder die Fundstelle der Knochen besichtigen, die bis dahin unbekannt war. Bei nachfolgenden Ausgrabungen dort wurden weitere Knochen und Zähne gefunden.

Der Urmensch in der Natur

Geht man den Weg ins Tal am Skulpturenpark vorbei, kommt man zum eiszeitlichen Wildgehege. 1935 wurde das Wildgehege vom Naturschutzverein Neandertal angelegt. Die ersten Auerochsen der Neuzeit sind vermutlich aus Berlin und München ins Neandertal gekommen. In den Tiergärten hatte man begonnen, den Auerochsen zurückzuzüchten. Höhlenmalereien, historische Zeichnungen und Knochenfunde gaben ein Bild vom Ur, wie der Auerochse auch genannt wird. Und so kann man auf einer Lichtung die bis zu drei Meter langen und zwei Meter hohen Zeugen der Urzeit bewundern. Auf dem Rückweg kann man eine Rast auf dem Naturspielplatz einlegen.

12 Goldberger Mühle

Eine Mühle steht im neuen Glanz

Am Mettmanner Bach kann man ein Beispiel für ein Denkmal finden, das durch tatkräftigen Einsatz von vielen Frauen und Männern erhalten werden konnte.

■ **Information:** Goldberger Mühle, Goldberger Str. 1, 40822 Mettmann (die Mühle ist nach Anmeldung zu besichtigen).

■ **Öffnungszeiten:** Nach Vereinbarung mit: Hans-Günther Kampen, Nordstr. 122, 40822 Mettmann, Tel.: 02104/255 68, Fax: 92 48 31.

Hier liegt ein Rittersitz, dessen Geschichte sich bis 1217 zurückverfolgen lässt. Durch die alten Akten zieht sich ein langer Streit über die Abgaben an das Stift zu Kaiserswerth. Explizit erwähnt wird die Mühle erstmals 1450, also vor über 550 Jahren! Sie gehört zu dem Hof Goldberg, der früher einmal Gericht über sechs andere Höfe zu halten hatte.

Über den Müllermeister Arnoldus erfährt man, dass er aus vier Eichen ein neues Wasserrad mit Mühlwerk baut. Das heutige Dach erhielt die Mühle 1771. Den Turm mit Backofen baute man 1880/82. Leider brannte der stattliche Hof 1904 ab, aber die Mühle blieb verschont. 1944 wurde die Mühle zum Ende des Zweiten Weltkrieges noch einmal in Betrieb genommen. Das Mahlwerk reparierten Schreiner mit Akazienholz. Ein Jahr nach Kriegsende klapperte die Mühle dann endgültig nicht mehr.

Vor einigen Jahren hat sich ein Mühlenverein gegründet, der mit viel Einsatz die Mühle entrümpelt und von Unrat befreit hat. Das Fachwerk des Gebäudes und der Dachstuhl wurden renoviert. Dann

Schautafeln erläutern, wie früher gemahlen wurde

Die Goldberger Mühle wurde liebevoll als Museum eingerichtet.

wurden das Mahlwerk, das aus vier Mahlsteinpaaren besteht, und die zwei
Wasserräder instand gesetzt. Besonders schön ist es, dass hier wieder der
Backofen qualmt, und es gibt an bestimmten Tagen frisches, selbst geba-
ckenes Brot. Für die Leute des Mühlenvereins war es unglaublich spannend, dieses alte Gemäuer zu erhalten. Dabei fanden sie auch zwei Degen
aus dem Dreißigjährigen Krieg.

Nun kann man hier eine erste restaurierte, vom Mühlenrad getriebene
Anlage, die auch als Raum für kulturelle Veranstaltungen genutzt wird,
besichtigen.

39

13 Wanderungen rund um die Müngstener Brücke

Unter dem 500 Meter langen Stahlmonstrum

Ein faszinierendes Monument aus Stahl ist die Müngstener Brücke, seit 1897 mit 107 Metern die höchste Eisenbahnbrücke Deutschlands, die über die Wupper führt.

■ **Information:** Bergisches Land Tourismus, Kölner Str. 8, 42651 Solingen, Tel.: 0212/ 88 16 06 65, Fax: 88 16 06 66; E-Mail: piwowar@bergische-agentur.de; www.bergisches-land.de.

■ **Öffnungszeiten:** Ganzjährig zu besichtigen.

■ **Kosten:** Kein Eintritt.

■ **Einkehr:** Rucksackverpflegung, keine Einkehrmöglichkeit.

■ **Verkehrsanbindung:** PKW: A1 Leverkusen–Dortmund, Abfahrt Remscheid; B229 Lüdenscheid–Remscheid durch R., nach Überquerung der Wupper links abbiegen (Schild Müngstener Brücke) DB: Kursbuchstrecke 410, Wuppertal-Remscheid-Solingen-Ohligs.

■ **Parken:** Parkmöglichkeiten an der L74 (Großparkplatz), von dort Brücke und Brückenpark fußläufig in wenigen Minuten erreichbar.

Einstmals war sie eine wichtige Verbindung zwischen Solingen und Remscheid. Endlich waren die beiden Industriestädte mit einer Brücke verbunden, die in gewaltiger Höhe und Länge die Wupper überspannt. Lange mussten die Dampfloks 44 Kilometer weit schnaufen, um von der einen zur anderen Stadt zu kommen – jetzt war der Weg auf 8 Kilometer geschrumpft.

Damals war der Brückenbau ein technisches Wunderwerk. Zuerst hatte sie den Namen »Kaiser-Wilhelm-Brücke«. Damals hatten die Fachleute 5000 Tonnen Eisen und Stahl verarbeitet, um diese 107 Meter zu erreichen, die immerhin solche Monumente wie die Freiheitsstatue überragen, würde man sie daneben stellen. Lediglich die beiden Türme des Kölner Doms mit 156 Meter Höhe würden darüber blicken. Drei Jahre haben die Ingenieure von MAN und der Eisenbahndirektion Wuppertal für das Wunderwerk gebraucht. Eine 30 Meter hohe Transportbrücke war nötig, um die gewaltigen Materialmengen heranzuschaffen: 27 500 Tonnen Baustoffe für die Fundamente, für die Hilfskonstruktionen, für die Kräne, Leitern und vormontierten Brückenteile. Eines Tages vor dem 15. Juli

1897 wurde es noch mal spannend: Das letzte Stück mit einer Länge von 15 Metern musste in den weiten Halbbogen eingepasst werden Immer wieder wird die Stahlkonstruktion in regelmäßigen Abständen überprüft.

Für den Anstrich der Brücke benötigt man immer wieder 13 000 Kilogramm Farbe. Gekostet hat die Brücke fünf Millionen Goldmark. Heute erwartet den Besucher noch ein Brückenpark sowie eine gestaltete Ufer- und Auenzone. Bis zu 10 Meter lange Balkone ragen über die Wasseroberfläche der Wupper und geben Blicke auf den Flusslauf und die Brücke frei.

Müngstener Brücke und Schwebefähre

Tipp

Ein echter Höhepunkt ist der Brückenpark unter der Brücke, in dem die auf Seilen über das Wasser schwebende Draisine, eine Schwebefähre, den Wanderer ans andere Wupperufer bringt. Übrigens kann man rund um die Müngstener Brücke drei Wanderungen von fünf, sechs oder acht Kilometern Länge machen, die alle den Ausgangspunkt Müngstener Brücke haben, die Wupperberge und den Fluss Wupper berühren und immer über die Gaststätte Wiesenkotten oder in 45 Minuten zur Burg Wupper führen.

Am letzten Oktober-Wochenende findet das »Müngstener Brückenfest« mit historischen Dampfzügen der Bergischen Museumsbahnen statt (Infos: www.bergischer-ring.de).

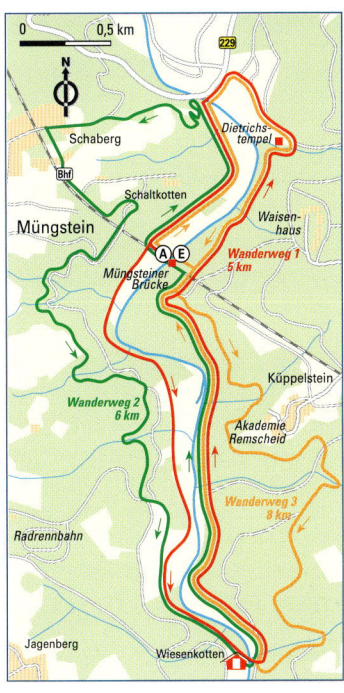

14 Tierpark Fauna

Der familienfreundliche Zoo

1932 gründete eine Gruppe von Tier- und Vogelliebhabern den kleinen Park, der sich vom Vogelschutzpark und Heimattiergarten zum heutigen Tierpark Fauna Solingen entwickelte.

Damals war es der »Ziergeflügel-Zuchtverein Fauna Solingen-Gräfrath«, heute sind es studierte Zoologen mit der Dipl.-Biologin Lore Köhler, die den Tierpark leiten. 1932 begann man als reiner Hobbyverein, heute kommen in den professionell geleiteten Tierpark gut 60 000 Gäste im Jahr. In

Das Kängurubaby schaut aus dem Beutel.

ihm bevölkern 450 tierische Bewohner aus ca. 150 Arten 3,5 Hektar Land mit altem Baumbestand, Spielplatz, Gartencafé und Ruhezonen.

Nicht nur moderne Schau- und Zuchtvolieren, Freianlagen und ein begehbares Wildgehege mit Hirschen und Muffelwild, Eulen

■ **Information:** Tierpark Fauna, Lützowstr. 347, 42653 Solingen, Tel.: 0212/59 12 56.
■ **Öffnungszeiten:** Ganzjährig im Sommer täglich von 9–18 Uhr, im Winter 9–16:30 Uhr.
■ **Kosten:** Erwachsene 4 €, Kids 2,50 €, Gruppenpreise ermäßigt.
■ **Einkehr:** Kiosk und Gartencafé mit Getränken, Erfrischungen, Imbiss; Tierpark auch für Rollstuhlfahrer befahrbar (Behinderten-WC).
■ **Verkehrsanbindung:** A46 Ausfahrt Haan-Ost, Richtung Solingen auf die B224, im Bereich Solingen-Gräfrath ist der »Tierpark« ausgeschildert. Bus: aus Richtung Wuppertal (Vohwinkel) Linie 631, Haltestelle Rosskamper Höhe, 10 min. Fußweg; aus Richtung Solingen Linien 695 bis Eugen-Maurer-Heim, 10 min. Fußweg; O-Bus 683 bis Museum Baden, 20 min. Fußweg.
■ **Parken:** Im Umfeld des Tierparks 250 PKW-Plätze, Reisebushaltestelle.

Der Spielplatz

in Waldvolieren, Vierhorn- und Zwergschafen schaffen den nahen Kontakt mit friedlichen Vierbeinern. Auch in der Tierparkschule sitzen häufig Schulklassen. Der Park ist an Naturschutzprojekten wie z. B. der Zucht von Steinkäuzen mit anschließender Auswilderung beteiligt. Die jährliche Vogelspinnenausstellung zieht zahlreiche Besucher an.

Auf einem Rundgang kann der Besucher von exotischen Papageien wie Aras, Kadadus, Graupapageien, Loris, Agaporniden und Amazonen über Luchse, Nasenbären, Ibisse und Java-Affen bis zu Stachelschweinen, Lamas und Meerschweinchen verschiedenste Tiere erleben, streicheln und zum Teil mit speziell an der Kasse angebotenem Futter auch füttern. Im Warmhaus trifft man auf eine Reptilienwelt, die Schlangen und Echsen, aber auch indische Flughunde beherbergt.

Tipp

Gleich neben dem Park steht der von dem Lichtdesigner Johannes Dinnebier zum Lichtturm umgebaute alte Wasserturm von Gräfrath. Von dessen neuer Glaskuppel aus hat man einen spektakulären Panoramablick über das ganze Land; dabei lässt sich das Thema Licht hautnah erleben.
Nach dem Tierpark lädt nach zehnminütigem Gang der historische Kern des Ortsteils Gräfrath mit Marktplatz, Kirchtreppe und Klosterkirche ein. In den Räumen des Klosterhofs befindet sich das Deutsche Klingenmuseum.

Erdmännchen aus dem südlichen Afrika

15 Sengbachtalsperre

Durch die »grüne Lunge« von Solingen

1903 wurde die Sengbachtalsperre nach dreijähriger Bauzeit fertiggestellt. Sie ist nach Remscheid die zweitälteste Talsperre im Bergischen Land und geht auf die Planungen des bekannten Baumeisters Professor Inze zurück.

■ **Information:** Bergisches Land Tourismus, Kölner Str. 8, 42651 Solingen, Tel.: 0212/88 16 06 65, Fax: 88 16 06 66; E-Mail: piwowar@ bergische-agentur.de; www.bergisches-land.de.

■ **Öffnungszeiten:** Ganzjährig möglich.

■ **Einkehr:** Im Erholungsbereich verschiedene Einkehrmöglichkeiten, auch mit »Bergischer Kaffeetafel«.

■ **Parken:** Parkplätze in der näheren Umgebung.

Drei Millionen Kubikmeter Wasser kann die Sperre hinter einer Mauer von 43 Metern Höhe und 178 Metern Länge aufstauen. Die Zuflüsse sind der Sengbach und der Brucher Bach. Im Wasserwerk Glüder wird das Wasser aufbereitet, bevor es durch die Rohrleitungen in die Haushalte gelangt.

Diese »grüne Lunge«, ein Erholungsgebiet, liegt im waldreichen Gebiet zwischen Solingen, Witzhelden und Wermelskirchen, deshalb nennt man sie auch die Solinger Talsperre. Solingen und Haan werden aus diesem riesigen Wasserbehälter mit Trinkwasser versorgt, daher sei es gleich gesagt: Schwimmen verboten!

Die vielfältige Tier- und Pflanzenwelt und die Wassergüte müssen im weiten Umfeld gesichert bleiben, daher gibt es verschiedene Schutzzonen: Zone 1 umschlingt mit einem Ufergürtel von 100 Metern Breite die gesamte Talsperre. Hier darf niemand hin! Die Zonen 2 und 3 dürfen betreten werden, aber für Besiedlungen gelten strenge Vorschriften. Auch wer auf den Wegen bleibt, kann die Vielzahl der Tier- und Pflanzenwelt entdecken. Vor allem in den Auen der Zuflüsse sind heimische Pflanzen zu finden: Pestwurz, Schwertlilie, Großes Springkraut, Rohrglanzgras, Wasserdost, Sumpfkratzdistel, Seggen und Binsen. In den natürlichen Feuchtbiotopen des oberen und unteren Sengbachtales leben Wasseramsel und Eisvogel, Grasfrosch und Erdkröte, Ringelnatter, Blindschleiche und Zaun-

Tipp

Nach so viel Wanderungen und Erkundungen lockt auch hier eine »Bergische Kaffeetafel« mit einem süßen und kräftigen Imbiss mit Milchreis, süßem Stuten, Schwarzbrot, Quark, Käse, Wurst und vor allem der »Dröppelmina«, einer voluminösen, dickbauchigen Kaffeekanne mit Zapfhähnchen.

eidechse, viele Käferarten, Schmetterlinge und Falter.

Neun Kilometer führt ein Rundwanderweg um die Talsperre. Ein Weg unterscheidet sich von allen anderen: der Waldschaden-Lehrpfad. Die Deutsche Waldjugend hat ihn angelegt und verdeutlicht die allgemeine Gefahr des Waldsterbens mit Sichtbarmachung der Schäden, die der Laie oft übersieht. Im benachbarten Sauerland locken noch weitere 21 Talsperren.

Mit 178 m Länge hält die gewaltige Staumauer die Wassermassen.

16 Klingenpfad und Kotten

»Gebt lieber diesen Rohlingen Bestecke nicht aus Solingen ...«

Ein hölzernes Mühlenrad

... sang vor einigen Jahren eine Kabarettistin. Für Messer, genauer das »Zöppken«, Bestecke, Klingen und Stahlwaren überhaupt ist die Stadt Solingen weltweit bekannt.

Rund um Solingen und zu so manchen Erinnerungsorten dieser weltberühmten Herstellung von metallenen Geräten führt der Klingenpfad

■ **Information:** Deutsches Klingenmuseum, Klosterhof 4, 42653 Solingen-Gräfrath, Tel.: 0212/258 36 10
Balkhauser Kotten, Balkhauser Weg, 42653 Solingen-Balkhausen, Tel.: 0212/452 36,
Wipperkotten, 42699 Solingen, Tel.: 0212/80 03 05 + 247 39 58.
■ **Öffnungszeiten:** Deutsches Klingenmuseum: Di.–So. 10–17 Uhr (Fr. 14–17 Uhr),
Balkhauser Kotten: Di.–So. 10–17 Uhr, Führungen: 0212/452 36,
Wipperkotten: Sa./So. 10–18 Uhr, Führungen 0212/80 03 05.
■ **Kosten:** Deutsches Klingenmuseum: Erwachsene 4,50 €, Kids 2 €, verschiedene Ermäßigungen,
Balkhauser und Wipperkotten: Eintritt frei.
■ **Einkehr:** Rucksackverpflegung und mehrere Einkehrmöglichkeiten.
■ **Verkehrsanbindung:** Anfahrt zum Einstieg in Gräfrath: A46, Abfahrt Haan-Ost, dann Oberhanner Straße, B 224 überqueren, Garnisonstr., Gerberstraße.
Bus: Zug bis Solingen Bf, dann Bus 682 (Ri. Höhscheid), Halt Central, umsteigen Bus 683 (Ri. Wuppertal) Halt Klingenmuseum oder Zug bis Wuppertal Hbf, Schwebebahn bis Endhaltestelle, umsteigen in Bus 683 (Ri. Solingen-Burg) bis Halt Klingenmuseum, kurzer Fußweg.
Balkhauser Kotten: Bus-Linie 681, Haltestelle Hästen; Linie 252, Haltestelle Balkhausen.
■ **Parken:** Parkplätze sind ausgeschildert.

(Symbol = S im Kreis). Er ist 75 km lang, hier nur in Etappen von 6, 9 oder höchstens 10 km vorgestellt.

Von Gräfrath nach Kohlfurth 6 km: vom ehemaligen Rathaus (heute Museum, s. Tipp) über die Klostertreppe zur Klosterkirche (Westportal aus dem 13. Jh.) und zum Deutschen Klingenmuseum. Die Sammlung zeigt Blankwaffen, Bestecke und Schneidgeräte aller Epochen und Kulturen. Danach Tierpark Fauna (s. Nr. 14). Nach einem tollen Ausblick geht es in die Wupperberge; Rückfahrt mit Buslinie 695, umsteigen in 683.)

Etappe 2 (9km) führt zur Müngstener Brücke (s. Nr. 13); Etappe 3 (10 km) zum Schloss Burg (s. Nr. 47), Etappe 4 (9 km) zur Solinger oder Sengbachtalsperre (s. Nr. 15), Etappe 5 (8 km) zum Schleifermuseum Balkhauser Kotten mit der alten Handwerkstradition der Solinger Schleifer.

Weiter über die Etappe 6 (10 km) zum Wipperkotten in dem mit Wasserkraft auch geschliffen wird; im Atelierhaus eine Sammlung von Werkzeugen und Geräten.

Die Etappe 7 (9 km) ist für die Sommertage, denn ein Freibad liegt am Weg. Für die Etappe 8 muss man 8 km (Schloss Caspersbroich von 1472 und die Brucher Mühle) und für die letzte Etappe 9 nur 6 km laufen, hier erreicht man den Ernen- und Bastianskotten mit dem Gesundheitsbrunnen.

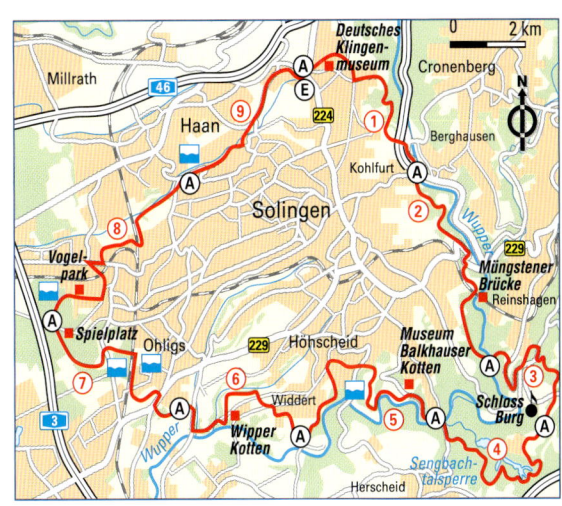

Tipp
Im ehemaligen Rathaus ist das Kunstmuseum Baden, ein lohnenswertes Ziel nicht nur bei Regenwetter; der Jugend-KunstKlub hat jeden Donnerstag um 16 Uhr sein Treffen (young@art).

17 Burg Friedestrom mit der großen Zollkasse

Von der Landesburg ins Kindertheater

Schon im 7. Jahrhundert erhielt eine Bruderschaft aus der erzbischöflichen Fischerei in Zons 13 Lachse. Der Erzbischof von Köln ließ den Fronhof im 13. Jahrhundert zur Burg ausbauen, um seine Rechte zu sichern. Aber bereits 50 Jahre später trugen Kölner Bürger die Burg bis auf den Grund ab und nutzten sie für den Bau der Kölner Stadtmauern.

Im Besitz von Kurköln und mit der Verlegung des Rheinzolls von Neuss nach Zons ließ Friedrich von Saarwerden 1373 eine Stadt gründen und befestigen, um sich die Haupteinkünfte, den Zoll, zu sichern. Diese Befestigungsanlage schließt die Stadt mit Toren, Türmen, Mauern und Schutzgräben ein und die Burg Friedestrom – das spätere Schloss. Die Anlage hat einen Grundriss in Form eines trapezförmigen Rechtecks. Ihre Befestigung war insgesamt so stark, dass sogar 671 Kanonenkugeln im Jahr 1646 die Festung selbst nicht sturmreif schießen konnten! Unterhalb musste am Strom Zoll gezahlt werden, bevor man weiter über den Rhein

■ **Information:** Heimat- und Verkehrsverein der Stadt Zons e. V., Stürzelberger Str. 18, 41541 Zons, Tel.: 02133/37 72, Fax: 37 65.
Schloss Friedestrom, Schlossstraße 1, 41541 Dormagen/Zons.
■ **Öffnungszeiten:** Freilichtbühne: Juni bis August Märchenspiele, i. d. R. Sa./So. um 16 Uhr (gelegentlich auch Theateraufführung für Erwachsene).
■ **Kosten:** Erwachsene 7 €, Kids 5 €, Vorverkauf: Tel.: 02133/44 12 01.
■ **Einkehr:** Schloss-Café Feste Zons, Zons, Tel.: 02133/54 37.
Gaststätte »Zum Türmchen«, Rheinstr. 7, Zons, Tel.: 02133/453 34 sowie weitere Einkehrmöglichkeiten in der Stadt.
■ **Verkehrsanbindung:** Bus Linie 886 von Dormagen Marktplatz bis Zons und 875 vom Bahnhof Dormagen bis Zons.
■ **Parken:** Parkplätze am Eingang der Stadt und am Rheinufer.

Fröhliche Unterhaltung für Klein und Groß gibt es im Freilichttheater.

fahren konnte. Von hier aus sollte aber auch die Stadt beschützt werden. Bis zur Aufhebung des Rheinzolls im 18. Jahrhundert blühte die Stadt Zons.

Rheintor, Zollturm, Krötschenturm, ein Teil des Rheintors, das Südtor und der Juddeturm (nach der Patrizierfamilie von Judde aus Köln) bieten auch heute noch reizvolle Motive beim Rundgang durch die Stadt und entlang der Stadtmauern. Das ehemalige sogenannte Herrenhaus beherbergt das Kreismuseum.

Die mittelalterliche Befestigung Zons und die Bemühungen der Bürger sicherten den Namen Stadt Zons (in der Stadt Dormagen).

Heute liegt im Burgbereich auch eine Freilichtbühne (seit 1935), die zum Besuch fröhlich aufgeführter Märchenspiele (Grimm, Andersen, Hauff) einlädt. Sehenswert ist eine vollständig restaurierte Windmühle, eine der schönsten und am besten erhaltenen im Rheinland. Sie ist im nahezu originalen mittelalterlichen Zustand zu besichtigen.

18 Vom alten Kirchturm bis zum »Vorlaubenhaus«

Alte Bauformen in einer jungen Stadt

Langenfelds Geschichte begann vor mehr als 1000 Jahren. Damals lebten hier die Franken. Viel, viel später entstand unter französischer Herrschaft die Bürgermeisterei mit dem Namen Richrath-Reusrath. Erst im Jahr 1936 entstand die Bezeichnung Langenfeld/Rheinland; seit 1948 gibt es die Stadt Langenfeld/Rheinland.

Bei einem Gang durch Langenfeld mit den beiden Ortsteilen Richrath und Reusrath lassen sich viele geschichtliche Spuren entdecken: Forscher haben den Boden in Langenfeld untersucht und in der Erde gegraben. Da fanden sie Steinbeile und wussten, dass schon vor vielen Jahrhunderten auf dem rechten Rheinufer Menschen gelebt hatten, vielleicht sogar der berühmte Neandertaler (s. a. Mettmann). Und von den später gekommenen Siedlern, den Römern, fanden diese Forscher – man nennt sie Archäologen – eine römische Glocke und eine kleine Statue des römisches Gottes Merkur.

An der St.-Martinus-Kirche sind Knochen gefunden worden, sie geben Auskunft, dass schon 796 direkt hier Menschen gelebt haben. Martinskir-

---

■ **Information:** Stadtverwaltung Langenfeld, Hauptamt, Konrad-Adenauer-Platz 1, 40764 Langenfeld/Rheinland, Tel.: 02173/794 15 00 oder 15 01.

■ **Öffnungszeiten:** Ganzjährig möglich.

■ **Kosten:** Kein Eintritt.

■ **Einkehr:** Verschiedene Einkehrmöglichkeiten in Langenfeld.

■ **Verkehrsanbindung:** A3, Ausfahrt Solingen/Langenfeld; A59, Ausfahrt Langenfeld/Monheim oder Langenfeld/Richrath; A542 Ausfahrt Langenfeld/Opladen oder Langenfeld/Leichlingen.

■ **Parken:** Viele Gratisparkplätze entlang der Hauptstraße.

chen sind oft sehr alte Kirchen und waren meist Taufkirchen; der Namenspatron ist Martin von Tours, der der Legende nach seinen Mantel geteilt hat, um einem Armen zu helfen. Und ein bei der Kirche St. Barbara gefundener Baumsarg gab Auskunft, dass dieses Gotteshaus noch früher errichtet worden ist. Dieser Fund wurde 2009 auf dem Friedhof feierlich begraben. Ebenso wurde ein Pferd in der Erde bestattet, das vielleicht einem Anführer im Tükenkrieg von 1663/64 gehört hat, denn eine weitere Sage erzählt, dass hier ein deutscher Kaiser ein Heer aus dem Osten besiegt haben soll.

Sehenswert in Langenfeld sind die beiden Wasserburgen Haus Graven und Dückeburg, die Schwanenmühle, Gut Hecke und der Kirchturm von St. Martin, das älteste Bauwerk der Stadt aus dem 12. Jahrhundert. Eine alte Wehranlage etwa aus dieser Zeit ist die Motte Schwanenmühle (Motte: Burganlagen auf einem künstlichen Hügel von Wasser umgeben, auf dem höchsten Punkt ein Wehrturm). Im 16. Jahrhundert wurde die Mühle errichtet, die früher zur Wasserburg Haus Graven gehörte.

Haus Graven selber wurde als Ritterburg um 1300 erbaut. Früher stand dahinter noch eine andere, heute nicht mehr vorhandene Burg. An drei Seiten schützt ein Wassergraben die Anlage. Die heutigen Gebäude stammen aus dem 16. und 17. Jahrhundert.

Aus dem Jahr 1717 stammt das Gut Hecke mit dem eigenartigen und seltenen Vorlaubenhaus. Mit dem Haus zusammen bildet der Vorbau, eine Einheit der auf schweren Balken steht und den Gehweg überdacht. Früher einmal war das der Unterstellplatz für Kutsche und Pferd. Angehalten hat hier sogar die Kutsche einer bekannten Person aus der französischen Geschichte: Kaiser Napoleon soll hier übernachtet haben.

Vor der Stadtgalerie in Langenfeld kann man das Denkmal »Postillon und Christel von der Post« anschauen. Durch seine Lage an der »Via publica«, der heutigen Bundesstraße 8, war der Ort eine wichtige Poststation zwischen Köln und Bonn. Für das Jahr 1844 sind 24 Postillone und 100 Pferde zum Auswechseln vor den Postkutschen an der Poststation Langenfeld nachgewiesen. Das Posthorn ist auch heute noch Teil des Stadtwappens.

19 Wasserski und Seilbahn

Zuschauen oder mitmachen

Wo der feste Boden aufhört, fängt der Spaß an. Wasser und Geschwindigkeit, das wollen Kinder!

■ **Information:** Wasserski-Langenfeld, Familie Sühs, Baumberger Straße 88, 40764 Langenfeld, Tel.: 02173/39 46 22 22, info@wasserski-langenfeld.de.
■ **Öffnungszeiten:** März–Dez. Sa./So. ab 11 Uhr, werktags ab 14 Uhr, Sommerferien täglich ab 11 Uhr jeweils bis zur Dunkelheit.
■ **Kosten:** Erwachsene 21 €, Kids bis zu 16 Jahren 16 €, Wasserski- und Schwimmwesten-Verleih ist kostenlos!
■ **Einkehr:** Wasserski-Restaurant täglich ab 11 Uhr, ganzjährig.
■ **Verkehrsanbindung:** A59, Ausfahrt Richrath/Baumberg, Richtung Baumberg; S-Bahn S6 Bahnhof Langenfeld-Berghausen, Schild folgen: »Fußweg zur Wasserski-Seilbahn«, Buslinie 777, Haltestelle Wasserski.
■ **Parken:** Am Wasserski-Restaurant.

Man startet von einer Rampe aus, und in der nächsten Sekunde erlebt man den Rausch der Geschwindigkeit. In der sicheren Obhut erfahrener Lehrer gelingt vielen Anfängern schon der erste Start. Und nach einigen Lehr- und Lernstunden heißt es dann: »hinein ins Vergnügen«! Denn Wasserski fahren kann jeder.

Dann kommt noch die Wasserski-Seilbahn: Warum in die Ferne schweifen? Die Seilbahn bietet viel Freizeit- und Sportvergnügen für wenig Geld, denn ob man allein ist oder in der Gruppe fahren möchte – ein Besuch lohnt sich immer. Anfangs gleiten die Ski mit gerade mal 30 Kilometern pro Stunde über die glitzernde Fläche, später steigert sich die Geschwindigkeit, bis man doppelt so schnell ist. Sprünge und Slalomfahrten geben auch dem besten Fahrer dann noch einen neuen Kick! Ein Vergnügen bei großer Sommerhitze – dank der schützenden Neopren-Anzüge aber nicht nur dann.

Auf die Plätze, fertig, los! Das geht doch schon ganz prima.

53

20 Radtour »Kaiserroute«

Von Bergheim bis Bedburg mit dem Drahtesel

Die Kaiser-Route verläuft von Aachen bis Paderborn, von Kaiserpfalz zur Kaiserpfalz (s. Touren 6), auf den Spuren Karls des Großen. Es ist reizvoll, den Spuren zu folgen – nicht wie damals hoch zu Ross, sondern eben auf dem kleineren, aber schnelleren Drahtesel.

■ **Information:** Stadt Bedburg, Tourismus-Information, Am Rathaus 1, 50181 Bedburg, Tel.: 02272/402-0 oder -122, www.bedburg.de, E-Mail: stadtverwaltung@ bedburg.de.

■ **Öffnungszeiten:** Ganzjährig möglich.

■ **Kosten:** Kaiser-Route, Radwanderkarte 1:50 000, BVA.

■ **Einkehr:** Gasthöfe unterwegs, aber Radverpflegung wird empfohlen.

■ **Verkehrsanbindung:** Autobahnverbindungen über die A61, Abfahrt Bedburg. DB: Düsseldorf–Bedburg–Köln; ÖNV nach Bergheim, Köln, Brühl, Jülich und Grevenbroich.

Um einen Teil der 370 Kilometer zu erkunden, soll hier der Abschnitt von Bergheim bis Bedburg »erfahren« werden.

Ausgangspunkt ist die Kreisstadt Bergheim. Am Bahnübergang hinter der B 55 geht es los: Zeichen ist das Sechseck mit der Kaiserkrone und der Aufschrift »Kaiserroute«. Bergheim hatte damals auch schon eine dörfliche Frankensiedlung, und die Kirche St. Remigius war Mittelpunkt von 116 Pfarreien. Von der Burg aus dem 13. Jahrhundert sind noch ein paar Mauern erhalten; auch das Aachener Tor und das Rote Haus sind sehenswert.

Nordwestlich erreicht die Route den Ort Paffendorf. Um 900 n. Chr. haben die letzten Karolinger (das Königshaus Karls des Großen) eine Kirche errichtet. Die heutige Kirche ist um 1500 entstanden und beherbergt einen sehenswerten Schnitzaltar. Im Schlösschen, einst ein wehrhafter Bau, heute ein Märchenschloss, ist das Informationszentrum des Rheinischen Braunkohletagebaus (So. 10–17 Uhr) untergebracht.

Zwischen riesigen, tiefen Tagebaugruben, künstlichen Aufschüttungen und gigantischen Kraftwerken führt die Route weiter. Bedburg lädt mit seiner großen Schlossanlage zu einem Besuch ein: Der Hauptbau mit

Rundtürmen aus dem 13. Jahrhundert wurde nach Kriegszerstörungen von 1584 wieder aufgebaut. Auch ein Stadtrundgang mit einem Heft der Stadtverwaltung ist möglich und zeigt viele schöne Sehenswürdigkeiten in Bedburg.

Von der Route lohnt ein Abstecher in den Ort Alt-Kaster (750 Einwohner): Ein Mauerring umschließt von Rosen berankte Backsteinhäuser, größere Bürgerhäuser des 17. Jahrhunderts und wenige Burgruinen mit Wall, Graben, Stadttoren und Rundtürmen.

Schloss Bedburg

Am Weg liegen die Kraftwerke Frimmersdorf und Neurath (auf Anfrage zu besichtigen). Frimmersdorf selber ist eine der ältesten fränkischen Siedlungen der Region (seit dem 5. Jh.). Sehenswert auch die um 900 errichtete Motte Husterknupp. Später liegt noch die Wasserburg Anstel an der Route. Über Rommerskirchen und Hüchelhoven (R 18) führt der Weg nach Bedburg zurück.

Übrigens, wer eine kurze Strecke von 9 Kilometern wandern möchte, der kann sich bei der Stadt Bedburg die Broschüre *Alles im Wanderland – Ausflugstipps in und um Bedburg* holen.

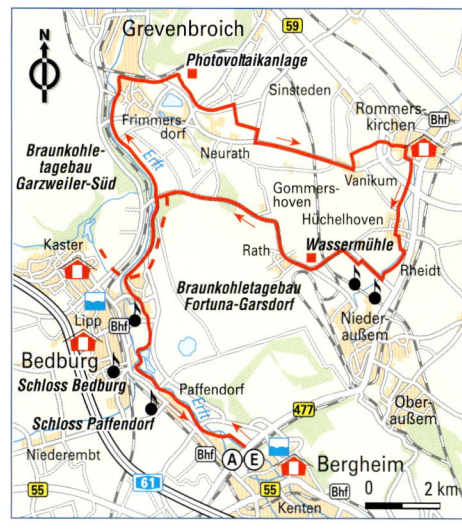

Bergheim

21 Braunkohletagebau und Schloss Paffendorf

Eine lehrreiche Wanderung

In Nordrhein-Westfalen werden 40 % des Stroms mit Braunkohle aus dem Tagebau des rheinischen Reviers westlich von Köln erzeugt. Fast 22 m misst das Schaufelrad eines der größten Bagger, die in den Tagebauen Kohle und Abraum fördern. Nach Voranmeldung können Gruppen Führungen in einem der großen Tagebaue vereinbaren.

■ **Information:** RWE Power AG, Informationszentrum Schloss Paffendorf, 50126 Bergheim, Pf. 41 08 40, Tel.: 02271/75 12 00 43, www.rwe.com.

■ **Öffnungszeiten:** Schloss Paffendorf, Ausstellungen, Sa./So. 10–17 Uhr, Schlosspark April bis Sept. täglich 10–19 Uhr, übrige Zeit bis 17 Uhr.

■ **Einkehr:** Viele Einkehrmöglichkeiten in Bergheim.

■ **Verkehrsanbindung:** Ab Köln: Mo.–Sa. RB38 stündlich '29 Richtung Neuss bis Paffendorf; So.: S12 Richtung Düren '00 bis Horrem oder RE1 Richtung Aachen '15 bis Horrem, dann Anschluss; RB38 ab Horrem '44 Richtung Neuss bis Paffendorf.

■ **Parken:** Ausgewiesenen Parkmöglichkeiten folgen.

Ausgangspunkt ist der Kölner Hauptbahnhof. Von hier verkehrt die DB-Linie RB 38 werktäglich jede Stunde um '29 bis Paffendorf. Sonn- und feiertags verkehren die DB-Linien S 12 und RE 1 (Richtung Düren/Aachen) bis Horrem. Dort besteht stündlich um '44 Anschluss an die RB 38 Richtung Neuss bis Paffendorf.

Von der Haltestelle Paffendorf führt der »Messweg« Richtung Dorfmitte direkt zur Kirche des hl. Pankratius. An der Glescher Straße biegt man nach links ab und folgt dieser Straße bis zum

Schloss Paffendorf lädt zum Pause machen ein.

Zum Vergleich: Mensch und Bagger

Wegweiser »Paffendorfer Schloss«. Dort biegt man rechts in die Burggasse ein. Diese führt direkt zum Schloss in den Schlosspark. In dem im Stil eines englischen Landschaftsgartens gestalteten Schlosspark wachsen auch Bäume und Sträucher, aus deren urzeitlichen Verwandten vor etwa 20 Millionen Jahren die Braunkohle entstanden ist. Das Informationszentrum von RWE Power im Schloss bietet einen umfassenden Überblick über die Entstehung der Braunkohle bis zu ihrer heutigen Bedeutung für die Energie- und Rohstoffversorgung. Hinweis: Der Tagebau Bergheim ist inzwischen rekultiviert. Die Brasserie Schloss Paffendorf lädt zum Verweilen bei Speisen und Getränken ein. Zurück an der Paffendorfer Kirche geht die Tour weiter Richtung Bergheim. Über die Antoniusstraße (hinter der Kirche links) fährt man zuerst über den Mühlengraben, muss kurze Zeit später die Erft überqueren und stromaufwärts nach Bergheim wandern. Nach der B 477 gabelt sich der Wasserlauf; hier nach links am Wasserlauf entlang bis zum Paffendorfer Weg, der zur romanischen Remigius-Kirche führt. Jetzt der Neusser Straße folgen bis zum Parkplatz »Neusser Str.«: Ein interessanter Ausblick über das ehemalige Tagebaugelände, das inzwischen rekultiviert wird. Im Stadtzentrum von Bergheim laden zahlreiche Restaurants zur Einkehr ein. Am DB-Bahnhof Bergheim kann man die Heimreise antreten. Abfahrt nach Köln Hbf werktäglich jede Stunde um '58.

22 Naturpark Rheinland

Naherholung für die Menschen im Ballungsraum Köln/Bonn

Ob Braunkohleville oder Waldville, eingegriffen hat der Mensch überall – und schon früher holten sich die Erzbischöfe von Köln ihr Wildbret aus dem Kottenforst.

■ **Information:** Naturpark Rheinland, Willy-Brandt-Platz 1, 50126 Bergheim, Tel.: 02271/83-42 10 12, www.naturpark-rheinland.de Landesfremdenverkehrsverband Rheinland, Rheinallee 69, 53173 Bonn, Tel.: 0228/36 29 21 oder 22, Fax: 36 39 29.

■ **Öffnungszeiten:** Ohne Einschränkungen.

■ **Kosten:** Kein Eintritt.

■ **Einkehr:** Rucksackverpflegung empfohlen.

■ **Parken:** Mehrere Wanderparkplätze ausgeschildert.

Gleich auf der anderen Seite der B 51 bietet der Naturpark Rheinland eine Oase der Ruhe. Nach dem Abbau der Braunkohle präsentiert sich das rekultivierte Gelände als erholsames Wald- und Seengebiet mit kilometerlangen Wander- und Reitwegen, Sport- und Freizeitmöglichkeiten.

Westlich des Rheins zwischen Köln und Bonn erstreckt sich zur Eifel hin der über 1000 qkm große Naturpark. Zu ihm gehören die Naturräume Kottenforst, Drachenfelser Ländchen, Rheinbacher Wald und über den Villehöhenrücken die Rekultivierungsgebiete der Rheinischen Braunkohle. Schon im 7. Jahrhundert, dann wieder ab 973 übten deutsche Kaiser das Jagdrecht aus. Mit Sorgfalt aber widmeten sich die Kölner Kurfürsten der Pflege der Wälder. An den einstigen Wildreichtum erinnert heute nur noch der Wildpark Waldau. Dank der fruchtbaren Lössböden entwickelten sich am Ostrand schon früh leistungsfähige landwirtschaftliche und gärtnerische Betriebe. Aus dem ehemals angelegten Eichen-Hainbuchen-Wald wurde seit Mitte des 19. Jahrhunderts ein Laub-, Nadel- und Mischwald. Der Niederwald lieferte früher Weinbergpfähle, heute ist er durch Kiefern- und Fichtenwald ersetzt. Auf der Hauptterrasse liegt das Waldgebiet des Kottenforstes. Geologisch gehört das Gebiet zum niederrheinischen Einbruchsfeld, das in Schollen zerlegt ist. Die Rheinterrassenebene rechnet man schon zur Kölner Scholle, den westlichen Raum zur Erftscholle. Maritimes Klima prägt auch diese Region. Durch die Lage im

Wind- und Regenschatten des Mittelgebirges herrscht im Tiefland ein mildes, feuchtes Klima während des ganzen Jahres.

Zum Naturpark gehören: Altkaster mit mittelalterlichem Stadtbild; Schloss Paffendorf mit Braunkohlenpark; die Abtei Brauweiler; Frechen mit Keramikmuseum; Brühl/Liblar mit Seenplatte; Brühl mit Schloss Augustusburg und Jagdschloss Falkenlust; Villenhofer Maar; Römische Wasserleitung beim Forsthaus Buschhoven; Wildgehege, geologischer Lehrpfad und Jägerhäuschen; Kuchenheim mit Wollmarkt; Rheinbach mit Glasbläserei; Dendorf mit Töpferdorf.

An Tieren und Pflanzen sind zu entdecken: eine artenreiche Vogelwelt und ein Altwald mit Rotbuchenbeständen, Ahorn, Traubeneichen, Hainbuchen, Nadelgehölz und Kräutern wie Waldlabkraut, Einblütiges Perlgras, Waldziest und Weiße Hainsimse.

Am Modell erhält man eine komplette Übersicht über den Naturpark.

23 Mühlen und Märchenwege

Die Stadt mit viel Grün und reicher Kultur

Zwischen Sand und Bensberg liegt ein Waldgebiet, durch das sich viele Wege ziehen. Ein Wandergebiet für die Kleinsten, aber man sollte das Märchenbuch nicht vergessen.

Spaß für die Kleinsten

Hier sind nämlich der »Hänsel-und-Gretel-Weg«, der »Schneewittchenweg«, der »Dornröschenpfad« oder der »Hexenweg« und andere zu finden. Da macht es Spaß, ein oder zwei Märchen vorzulesen oder gar frei zu erzählen.

Außerdem sind eine Menge spannender Stellen aufzuspüren: die Rochuskapelle im Norden oder im Süden der Ringwall der Erdenburg. Im Westen liegt der »Kaiserliche Französische Friedhof« und genau in der Mitte die Grube Blücher.

Für die Größeren aber heißt es heute: »Es klappert die Mühle am rauschenden Bach«, und das ist ein ganz besonders fleißiges Gewässer: die Strunde. Die Mühlentour geht los beim Finanzamt in Bergisch Gladbach, am Schlodderdicher Weg liegt die gleichnamige Schlodderdicher Mühle. Von dort geht es rechts zur Gierather Mühle, von hier aus an der Strunde abwärts; am ersten Aldweg links (Wehr) folgt man dem Umbach. Links steht die Strunder Mühle. Geht man den Mühlhofsweg, dann erreicht man rechts die

---

■ **Information:** Stadt Bergisch Gladbach, Rathaus Konrad-Adenauer-Platz 1, Raum Nr. 7, 51465 Bergisch Gladbach, Tel.: 02202/14 24 19, Fax: 14 22 40, Papiermühle Alte Dombach, an der Kürtener Straße, Tel.: 02202/93 66 80.
■ **Öffnungszeiten:** Der Weg ist ganzjährig zu begehen.
Papiermühle Alte Dombach: Di.–Fr. 10–17, Sa./So. 11–18 Uhr.
■ **Einkehr:** Gasthof Lindenhof bei der Schlodderdicher Mühle.
■ **Verkehrsanbindung:** Fußweg, dann Straßenbahn-Linie 3 der KVB, Haltestelle Vischeringstraße bis Station Dellbrück Hauptstr.; dort umsteigen in Bus 436 bis Schlodderdich.

Gierather Straße, nach 200 Metern die Hardthofstraße und weiter über den Reitweg die Thurner Mühle. Dicht dabei liegt der Thurner Hof, ein ehemaliger Rittersitz (1251), der im Dreißigjährigen Krieg geplündert und zerstört wurde. Es geht weiter an der Strunde abwärts: Mielenforster Straße, dann die Hatzfeldstraße. Hier liegt die Gräfenmühle. Man folgt dem Grafenmühlenweg nach links, biegt hinter Haus 116 nach rechts und überquert am Dellbrücker Mauspfad die Strunde. Durch eine öffentliche Parkanlage erreicht man die Iddelsfelder Mühle. Später findet man eine Wasserburg mit dreigeschossigem Herrenhaus. Mit der Straßenbahn-Linie 3 (KVB) kann man ab Vischeringstraße zurückfahren bis Station Dellbrück Hauptstraße; dort weiter mit Bus 436, der zurück nach Schlodderdicher Mühle fährt.

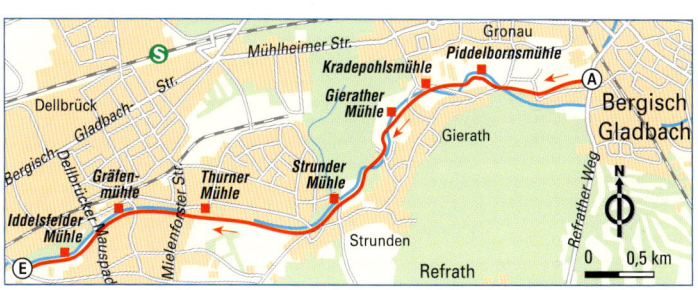

Hier klappert das Mühlrad.

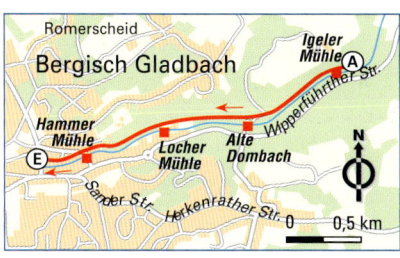

Die Alte Dombach ist die einzige noch funktionsfähige der acht ehemaligen Papiermühlen, die im Strundetal zu finden sind. Auf der Wipperführter Straße findet man die Igeler Mühle, die Alte Dombach, die Locher- und die Hammer Mühle.

24 Wanderung durch Märchenwald zur Kaffeetafel

Das Märchen vom süßen Brei und andere Köstlichkeiten

Heute ist eine kleine Wanderung durch den Märchenwald geplant. Da muss man ein wenig klettern, denn die Märchen, die wir aufspüren wollen, sind in den Hängen des Waldes versteckt, von dunkelgrünen Fichten umgeben.

■ **Information:**
Deutscher Märchenwald,
51519 Odenthal-Altenberg,
Tel.: 02174/404 54;
E-Mail: deutscher-maerchen-
wald@web.de; www.
deutscher-maerchenwald.de.

■ **Öffnungszeiten:**
Täglich 9–18 Uhr.

■ **Kosten:** Erwachsene
4,50 €, Kids bis 14 J. 2,50 €.

■ **Einkehr:** Terrassen-
Waldrestaurant und Café
im Märchenwald.

■ **Verkehrsanbindung:**
A1 Leverkusen–Dortmund,
Abfahrt Burscheid, über B51
Sträßchen, Blecher nach
Altenberg.

■ **Parken:** Parkplatz
Märchenwald und hinter
dem Altenberger Dom.

Ein bisschen Zeit muss man mitbringen, denn die Märchen werden erzählt – von einem Tonband. Dann heißt es still sein und zuhören, denn diese ewig jungen Geschichten, die einmal die Brüder Jakob und Wilhelm Grimm überall in Deutschland gesammelt haben, faszinieren immer wieder und immer noch! Aber jedes Märchen ist so dargestellt, wie man es sich vorstellt: Da ist Schneewittchen inmitten der sieben Zwerge, und das letzte Geißlein versteckt sich gerade in der großen Wohnzimmeruhr vor dem bösen Wolf. Ansonsten springen die *Sieben Geißlein* munter auf einer Wiese herum, also recht lebendig. Und das verhexte Brüderlein äst wieder als Rehböckchen friedlich unter den Bäumen. Außerdem tanzt Rumpelstilzchen, Rapunzel lässt unentwegt das lange Haar aus dem Turm herunter, und Rotkäppchen bringt der Oma Kuchen und Wein ans Bett. Dornröschen ist natürlich auch noch da, der Froschkönig, nicht zu vergessen

Wer schläft denn da?

Der gestiefelte Kater zeigt den Weg in den Märchenwald.

Hänsel und Gretel und so viele andere bekannte Märchenfiguren. Danach winkt zur Belohnung nicht nur der *Süße Brei*, sondern eine »Bergische Kaffeetafel«, nach der anstrengenden märchenhaften Wanderung ein naschhaftes Ziel. Aber man muss schon recht gut gewandert und hungrig sein, denn eine Kaffeetafel ist mehr als Kaffee und Kuchen, das ist schon eine große Mahlzeit mit Rosinenbrot, Milchreisbrei, Quark, Butter, Waffeln, Kuchen, Zucker und Zimt, Käse und Rübenkraut. Den Kaffee gibt es aus der Dröppelminna, einer dickbauchigen Metallkanne mit einem kleinen Kränchen, aus dem der Kaffee dröppelt! Aber keine Sorge, es gibt auch Kakao oder Milch und vieles mehr.

Übrigens belegt man das Rosinenbrot mit Butter –, ja, man belegt, nicht streichen! Darauf gibt man Kraut und darüber noch eine fingerdicke Reisschicht. Darüber streut man Zucker und Zimt. Nach dieser Vorspeise kommen die Waffeln und der Kuchen an die Reihe. Und der letzte Gang ist das Brot mit Butter und Quark, und dann noch ein Brot mit Käse. Vielleicht muss man danach doch noch eine Runde über die Berge machen – zur Verdauung nämlich!

(Verlängerung ist über den Wanderweg A 10 möglich.)

25 Überirdisch wie Engel auf dem Dom

Mit 509 Stufen in 100 Meter Höhe

Der Dom ist »dat Hätz von Kölle«, das Herz von Köln. Stattliche 144 Meter lang, 86 Meter breit und in den Türmen 157 Meter hoch.

Bei gutem Wetter lohnt sich der Aufstieg auf den Südturm des Domes. 509 Stufen führen zu einer 95 Meter hohen Galerie. Auf dem Weg dorthin kommt man an der Glockenstube mit neun Glocken vorbei. Die St.-Peters-Glocke ist mit ihrem Gewicht von 500 Zentnern die größte schwingende Kirchenglocke der Welt. Allein der Klöppel wiegt 16 Zentner. Hier

■ **Information:** KölnTourismus, Kardinal-Höffner-Platz 1, 50667 Köln, (gegenüber dem Dom), 50667 Köln, Tel.: 0221/221 22 13 04 00
(Köln für Kids: spezielle Führungen mit Sagen, Legenden, Dom)
DomFORUM, Domkloster 3, 50667 Köln, Tel.: 0221/92 58 47 30 (Führungen)
Dombauverwaltung, Margaretenkloster 5, 50667 Köln, Tel.: 0221/17 9 40-100, Fax: 199; www.koelner-dom.de, presse@erzbistum-koeln.de
■ **Öffnungszeiten:** »Führung auf den Dächern des Doms« veranstaltet die Dombauverwaltung Köln, eine Teilnahme ist erst ab einem Mindestalter von 16 Jahren möglich. Mo.–Do. von 10.00 Uhr bis 13.00 Uhr, Tel.: 0221/179 40-5 55
Turmbesteigung: Jan.-Feb. 9.00–16.00 Uhr,
März–April 9.00–17.00 Uhr, Mai–Sept. 9.00–18.00 Uhr,
Okt. 9:00–17:00 Uhr, Nov.-Dez. 9:00–16:00 Uhr.
■ **Einkehr:** Viele Einkehrmöglichkeiten rund um den Dom und in der Stadt.
■ **Verkehrsanbindung:** AB-Kreuz Köln-Ost (A3/A4): Richtung Köln Zentrum, Abfahrt hinter der Zoobrücke. AB-Kreuz Köln-Nord (A1/A57), Richtung Köln Zentrum/Köln-Ost. Busbf. hinter dem Hbf. DB: Aus allen Richtungen mit der Deutschen Bahn bis Hbf Köln, der unmittelbar am Kölner Dom und nur 100 m vom Beginn der Fußgängerzone liegt.
■ **Parken:** Ausgewiesene Parkplätze, Tief- und Hochgaragen in der City, hier »Parkhaus unter dem Dom«.

oben blickt man in schwindelerregen-
den Höhen über die Welt der Dächer
und in unbekannte Gewölbe, schwebt
beinahe über den filigranen, stählernen
Dachstuhl und erfährt vieles über die
verwendeten Gesteinsarten sowie den
mittelalterlichen Baukran des Südtur-
mes. Die artenreiche Domflora, die am
Dom ausgewilderten Wanderfalken und
Wasserspeier oder Kapitelle werden erläutert.

Gesicherte Gänge in 100m Höhe

Oben auf der Galerie genießt man an
guten Tagen einen herrlichen Rundblick
über die Stadt und die umgebende Landschaft mit dem flachen Norden,
dem Vorgebirge und der Eifel im Westen, dem Siebengebirge im Süden
und dem Bergischen Land im Osten.

Ist der Supermann vom Domturm gesprungen?

26 Mit der Seilbahn über den Rhein zum Zoo

Köln schwebend erleben

Die Kölner Seilbahn ist Europas erste Seilschwebebahn, die über einen Fluss führt – über den breiten Rheinstrom. Immerhin ist dieser Direktanschluss an die Sesselbahn im Rheinpark schon 40 Jahre alt.

Sie wurde 1957 eingeweiht. Es ist schon spannend, hoch über dem Rhein zu gondeln und dabei das atemberaubende Panorama der beiden Rheinufer zu erleben.

Ein Spaziergang mit der Familie durch den Zoo ist immer ein erholsamer Ausflug im Grünen. Das schätzen sogar Familien, die aus der Nachbarschaft, aus Düsseldorf oder gar den Niederlanden in den Zoo kommen. Daraus kann sogar eine kleine Naturkundeexpedition zu Tieren und Pflan-

■ **Information:** Zoologischer Garten Köln, Riehler Str. 173, 50735 Köln, Tel.: 0221/778 51 14, Fax: 778 51 11,
Kölner Rhein-Seilbahn, Riehler Str. 180, 50735 Köln, Tel.: 0221/76 20 06, Fax: 76 21 40.
■ **Öffnungszeiten:** Zoo: Sommer täglich 9–18 Uhr, Winter täglich 9–17 Uhr, Aquarium täglich 9:30–18 Uhr,
Seilbahn: April–Okt. Mo.–Fr. 11–18 Uhr, Sa./So. 10–18 Uhr,
■ **Kosten:** Eintritt Zoo: Erwachsene 14 €, Kids (4–14 Jahre) 7 €.
Eintritt Seilbahn (einf. Fahrt): Erwachsene 4 €, Kids 2,40 €.
■ **Einkehr:** Viele Einkehrmöglichkeiten rund um den Dom und in der Stadt sowie im Rheinpark und im Zoo.
■ **Verkehrsanbindung:** AB-Kreuz Köln-Ost (A3/A4): Richtung Köln Zentrum, Abfahrt hinter der Zoobrücke. AB-Kreuz Köln-Nord (A1/A57), Richtung Köln Zentrum/Köln-Ost, Abfahrt Riehl vor der Zoobrücke, Bus: Von Köln Hbf mit U-Bahn-Linie 18, weitere KVB-Linie: 134.
■ **Parken:** Zoo-Parkhaus, unter der Zoobrücke, Nebeneingang Riehler Gürtel, Rheinufer, entlang der Riehler Straße, Busparkplätze am Rheinufer.

zen werden. Der Park selber hat eine Größe von 20 ha mit einem alten Baumbestand, großzügigen Freianlagen, Teichen und mit tropischen Pflanzen ausgestatteten Tierhäusern – eine Insel der Ruhe und Ausgeglichenheit, auf der sich Familien erholen können.

Der Kölner Zoo besteht bereits seit 150 Jahren und hat sich aus einem kleinen Tierpark zu einem Lebensraum für über 10 000 Tiere aus vielen

verschiedenen Arten entwickelt: von Blattschneiderameisen bis zu Elefanten, Bären, Großkatzen, Seelöwen, Affen, Huftieren und Vögeln. In großen Freianlagen oder in modernen Tierhäusern werden die Tiere je nach ihren Ansprüchen in Herden, Familien oder paarweise gehalten. Im direkten Kontakt lernt man die Tiere kennen, und Erwachsene können in Ruhe das Verhalten der Tiere studieren.

Auch bei schlechter Witterung laden Tierhäuser ein: Elefantenpark, Giraffenhaus, Madagaskarhaus für die Halbaffen Madagaskars, Südamerikahaus für

Auge in Auge mit dem Tiger

die Vielfalt der Neuwelt-Primaten, Urwaldhaus für Gorillas, Bonobos und Orang-Utans, das Tropenhaus »Der Regenwald«, der Hippodom, das Aquarium mit Terrarium und Insektarium.

Dann heißt es einsteigen in die Rhein-Seilbahn und rüber über den Rhein. Gegenüber wartet schon die Sesselbahn im Rheinpark und vielleicht – nach einem heißen oder kühleren Tag – das Thermalbad.

27 Forstbotanischer und Botanischer Garten

Durch Kölns Pflanzenwelt

Westlich des Vorortes Rodenkirchen liegt eine der beliebtesten und auch bedeutendsten Grünanlagen Kölns, der Forstbotanische Garten.

Auf einem ehemaligen Trümmer- und Schuttgelände wurde 1964 der bunte und ansprechend gestaltete Erlebnispark eingerichtet, in dem heimische Gehölze bewusst neben eingeführte Pflanzen gestellt werden; allein über 500 verschiedene Rhododendron-Arten sind hier zu finden. Im Kernbereich liegen in der sogenannten »Rhododendron-Schlucht« die

■ **Information:** Flora und Botanischer Garten, Amsterdamer Str. 34, Köln-Riehl, Forstbotanischer Garten, Schillingsrotter Straße, Köln-Rodenkirchen.

■ **Öffnungszeiten:** Flora und Botanischer Garten: 8 Uhr bis Einbruch der Dunkelheit, Schaugewächshäuser 10–18 Uhr (werktags 12–13 Uhr geschlossen),
Forstbotanischer Garten: Jan./Febr. und Nov./Dez. 9–16 Uhr, März, Sept./Okt. 9–18 Uhr, April–Aug. 9–20 Uhr.

■ **Kosten:** Flora und Botanischer Garten sowie Forstbotanischer Garten: Eintritt frei.

■ **Einkehr:** Tages-(Rucksack-)Verpflegung mitnehmen.

■ **Verkehrsanbindung:** AB-Kreuz Köln-Ost (A3/A4): Richtung Köln Zentrum, Abfahrt hinter der Zoobrücke. AB-Kreuz Köln-Nord (A1/A57), Richtung Köln Zentrum/Köln-Ost, dann den Ausschilderungen »Forstbotanischer Garten« folgen.
Bus zur Flora/Botanischer Garten: Busbf. hinter dem Hbf: KVB 5, 15,16, 18 Bus 134, 148 bis Zoo/Flora; Stadtbahn zum Forstbotanischen Garten: 15,16 bis Rodenkirchen oder Siegstraße; Bus 131 (Adenauer-Straße), 135 (Schillingsrotter Straße).
Bahn: Aus allen Richtungen mit der Deutschen Bahn bis Hbf Köln, der unmittelbar am Kölner Dom und nur 100 m vom Beginn der Fußgängerzone liegt.

■ **Parken:** Ausgewiesene Parkplätze, Tief- und Hochgaragen.

Im Forstbotaischen Garten sollten kleine Naturforscher Ihre Lupe nicht vergessen.

Ruinen eines ehemaligen Befestigungswerkes des äußeren Kölner Festungsringes von 1873.

Den ganzen tropischen Pflanzenzauber kann man unter einem Dach erleben: in Kölns Flora und Botanischem Garten. Auf einer Höhe von 44 bis 49 m wachsen Flora und Botanischer Garten, längst zu einem harmonischen Ganzen zusammengewachsen, auf der Niederterrasse des Rheins. Viele Pflanzen liegen unter Glas, andere im Freien. Vor allem der reichhaltige Bestand an Gehölzen ist bemerkenswert. In den zurückliegenden 125 Jahren seit der Gründung (1863) sind mehr als 60 einzelne Bäume wegen ihrer Größe oder ihrer Schönheit unter besonderen Schutz gestellt worden. Ein Heidegarten, ein Farngarten und Pflanzengruppen, die einen Überblick über die Verwandtschaftsverhältnisse im Pflanzenreich vermitteln, sind hier ebenso zu finden wie ein Arznei- und Nutzpflanzengarten.

Dieser Pflanzenreichtum im Botanischen Garten ist etwas für die kleinen Naturforscher. Aus einem Schulgarten wurde auf 45 000 Quadratmetern ein Botanischer Garten mit seltenen Kakteen, fleischfressenden Pflanzen, Orchideen und anderen botanischen Kostbarkeiten angelegt. Unterrichtsplätze an der freien Luft und ein Lehrpavillon stehen zur Verfügung; der Pavillon ist mit Mikroskopen, Lupen und anderem ausgestattet. Trotzdem, eigene Lupe nicht vergessen!

Kein Eintritt für Hunde!

28 Am Rhein, der Hafen der Köln-Düsseldorfer (KD)

Nostalgie unter Dampf

Das Schaufelradschiff »Goethe«, ein echter Blickfang mit seinen markanten Schaufelrädern und der stilechten Umgebung der Goldenen Zwanziger (1920–1929), ist seit 1913 zwischen Köln und Mainz rheinauf und rheinab unterwegs.

■ **Information:** Köln-Düsseldorfer, Deutsche Rheinschifffahrt AG, Frankenwerft 35, 50667 Köln,
Verkauf: Tel.: 0221/208 83 18, Fax: 208 83 45;
Charter Tel.: 0221/208 84 01, Fax: 208 84 03;
Katalog Tel.: 0221/208 82 88, Fax: 208 82 31.

■ **Verkehrsanbindung:** AB-Kreuz Köln-Ost (A3/A4): Richtung Köln Zentrum/Altstadt, Abfahrt hinter der Zoobrücke. AB-Kreuz Köln-Nord (A1/A57), Richtung Köln Zentrum/Köln-Ost, dann Ausschilderungen am Rheinufer folgen.

Toll für Geburtstagsfeste – eine Schifffahrt mit der KD

Für Kids sind die KD-Schiffstouren spannende Erlebnisse zu kleinen Preisen, denn unter 4 Jahren fahren alle Kids kostenlos mit und von 4 bis einschließlich 13 Jahren zahlt jedes Kind (bis zu drei pro Familie) nur einen kleinen Preis. Dann gibt es noch den Geburtstagsnulltarif: Wer Geburtstag hat – egal wie alt –, fährt umsonst mit (ausgenommen im Rheinjet). Überhaupt kann man den Geburtstag toll auf einem KD feiern, denn da warten noch allerlei Überraschungen. Einfach mal fragen! Außerdem werden Kinderfeste an Bord und Märchenfahrten angeboten. Im April wird überdies auf der Deutzer Werft ein Frühlingsvolksfest von der Gemeinschaft Kölner Schausteller gefeiert.

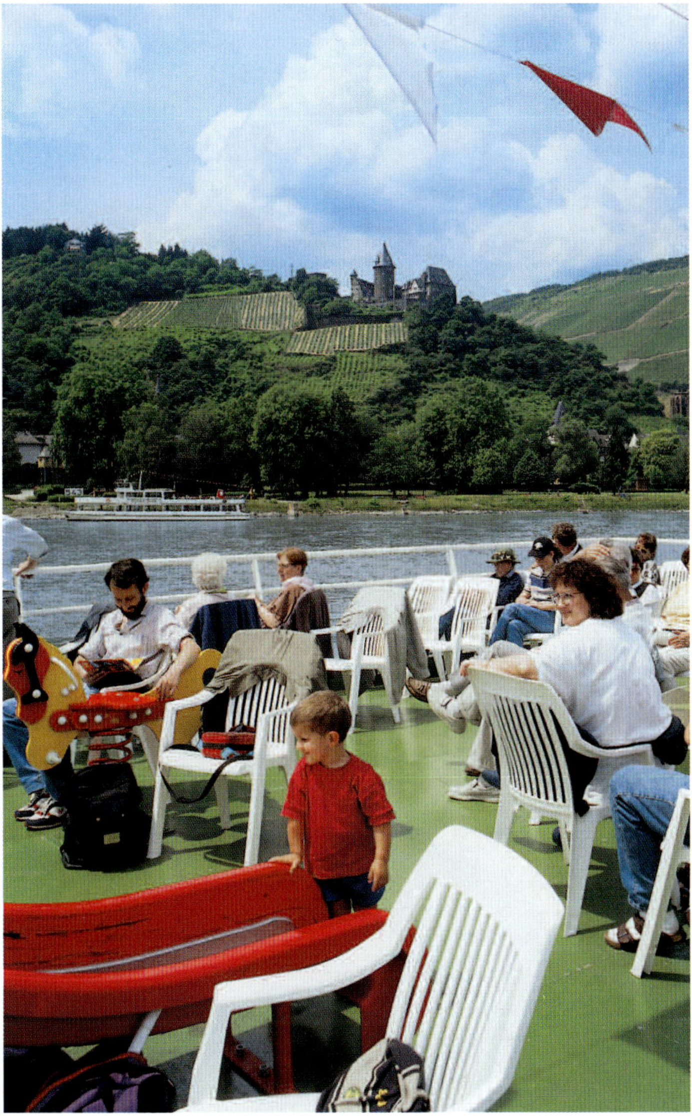

Auf dem Sonnendeck gibt es sogar einen Spielplatz.

29 Stadtrundfahrt, ein spannendes Spiel rund um die Stadt

Am Anfang steht ein Fußweg

Was sich als »beschwerlicher« Fußweg darstellt, entpuppt sich als prima Fahrradrallye: Statt Rundfahrt mit dem Auto eine Stadtrundfahrt mit dem Rad.

Am besten besorgt man sich zunächst im Rathaus das große Stadtspiel, ein buntes Faltblatt, auf dem die Spielregeln stehen und auf der Rück-

■ **Information:**
Stadt Frechen, Ratsbüro,
Johann-Schmitz-Platz 1–3,
50226 Frechen,
Tel.: 02234/50 14 64,
Fax: 50 14 89.

■ **Öffnungszeiten:**
Ganzjährig durchführbar.

■ **Einkehr:** Viele Einkehrmöglichkeiten in der Stadt, sonst Radverpflegung.

■ **Verkehrsanbindung:**
Autobahnring Köln
bis AB-Kreuz Köln-West,
Abfahrt Frechen
(A1 Richtung Koblenz-Euskirchen).
Straßenbahn: Linie 7
von Köln (Neumarkt) bis
Frechen Bahnhof.

■ **Parken:** Ausgewiesene Parkplätze in der Stadt.

seite die Stationen beschrieben sind. Insofern ist es ein doppelt schönes Spiel: Zuerst wird geradelt, später (vielleicht bei Regen) wird gespielt. Denn da heißt es wie bei einem richtigen Würfel- und Setzspiel: »Geh' direkt auf zwei ... einmal aussetzen ... neu würfeln ... zurück auf ...«

Die Rundfahrt führt zunächst an allen interessanten Stationen von Frechen vorbei: vom Rathaus zum Keramikmuseum, weiter zur Kirche St. Audomar (Achtung: in der Fußgängerzone das Fahrrad bitte schieben!), Judenfriedhof, zum Wallfahrtsort St. Maria Himmelfahrt, vorbei an vielen Sportanlagen, durch den Gewerbe- und Technologiepark, zum Keramion, zum Haus Blitz und dem Kirchbau St. Mauritius, zur Burg Bachem bis zum Endpunkt Bahnhof Frechen.

Auf geht´s zur Fahrradrallye!

30 Römerkanal-Wanderweg

Entlang der römischen Eifelwasserleitung in der Stadt Hürth

Hier sollen sich die Kelten, Römer, Germanen und Franken gewaltig die Köpfe eingeschlagen haben. Immerhin lag Hürth an der Hauptverbindungsstraße Köln–Trier.

■ **Information:** Stadt Hürth, Kulturamt, Friedrich-Ebert-Str. 40, 50354 Hürth, Tel.: 02233/533 32, Fax: 531 42. Stadtarchiv Hürth, Rheinisches Amt für Bodendenkmalpflege, Bonn.

■ **Öffnungszeiten:** Ganzjährig möglich.

■ **Einkehr:** Rucksackverpflegung empfohlen.

■ **Verkehrsanbindung:** PKW: A1, Abfahrt Hürth; innerstädtische Buslinien; DB Bahnlinie 18 Köln–Bonn.

■ **Parken:** Parkplätze in Fischenich ausgewiesen.

Das gute Trinkwasser für Köln kam von Hürth, bevor man später die Römische Wasserleitung aus der Eifel bis an den Rhein baute. Die war mit 95,4 km eine der längsten Fernwasserleitungen im Römischen Weltreich, mit der vom 1.–3. Jahrhundert das Trinkwasser in die Stadt Köln gebracht wurde.

Ein archäologischer Wanderweg führt von Nettersheim über Kall, Mechernich, Euskirchen, Rheinbach, Meckenheim, Swisttal, Alfter, Bornheim, Brühl und Hürth bis nach Köln.

Am besten, man fährt bis Fischenich und startet hier die Wanderung:

Im Mauerwerk der Burgruine Fischenich, Augustinerstraße, sind viele Gussbetonblöcke mit rotem Wasserputz zu sehen, die im Mittelalter aus der Eifelwasserleitung herausgebrochen und als Baumaterial für die Burg verwendet wurden. An der Wasserburg Kendenich hat man einen schönen Ausblick auf die Domstadt Köln. Die Burg wurde 1660/64 erbaut und 1983 restauriert; heute sind in dem Gebäude Wohnungen.

Die römische Eifelwasserleitung verläuft von Kendenich in Richtung Luxemburger Straße etwa 500 Meter parallel zur Stadtbahnlinie Köln–Bonn. In Alt-Hürth am Brabanter Platz liegt die Trasse der ältesten Kölner Wasserleitung aus dem Vorgebirge, der wohl schon um 50 n. Chr. gebauten »Hürther Leitung«. Ein geborgenes Teilstück ist in der Grünanlage vor der Kirche zu sehen.

Die Kreuzstraße ist wahrscheinlich aus einer römischen Bau- und Inspektionsstraße entlang der Hürther Leitung entstanden. In Hermülheim in der Thetforder Straße ist hinter dem Rathaus ein geborgenes Teilstück der römischen Eifelwasserleitung aufgestellt worden. Im Burgpark liefen die Trinkwasserleitungen aus dem Hürther, Burbacher und Gleueler Tal zusammen und wurden in einer Sammelleitung nach Köln geführt.

In Hermülheim in der Krankenhausstraße befindet sich hinter der Realschule in einem Gebäude die U-förmige Rinne der ältesten Vorgebirgsleitung (30 n. Chr.) aus Gussbeton. Darauf stehen die Pfeiler für die Bögen der nach 50 n. Chr. aufgestockten Leitung.

Der Verlauf der Berrenrather Straße ist von Efferen bis zur Universitätsstraße in Köln mit der Trasse der römischen Wasserleitung identisch.

Am Ende des Römerkanal-Wanderweges sehen wir kurz hinter der Autobahnunterführung im Grüngürtel ein kleines technisches Wunderwerk: In dem Klärbecken wurde das Wasser der Vorgebirgsquellen geklärt, ehe es nach Köln weiterfloss.

Das Römergrab Efferen ist noch eine abschließende Besichtigung wert. Schlüssel für das Römergrab und die römische Wasserleitung sind im Archiv der Stadt erhältlich.

Teilstück einer Wasserleitung

31 Phantasialand

Kids unter 7 Jahren haben freien Eintritt

Über die B 51 (Uhl-, Pingsdorfer-, Euskirchener Straße und den Schnorrenberg) erreicht man das nächste Ziel des Brühler Bilderbogens: das Phantasialand, Land der unbegrenzten Möglichkeiten.

Der Beginn ist schnell erzählt: Nach dem Krieg hatten sich ein Schausteller und ein Puppenspieler kennengelernt. Der Puppenspieler machte bald darauf Puppenfilme und fand, dass es zu schade sei, die schönen Kulissen und Puppen in den Kellern verschwinden zu lassen. Mit seinem Freund überlegte er und kam auf die Idee, ein »Phantasialand« aufzubauen.

■ **Information:** Phantasialand Brühl, Berggeiststr. 31–41, 50321 Brühl, Tel.: 01805/36 62 00, www.phantasialand.de.

■ **Öffnungszeiten:** 1. April–1. Nov. täglich 9–18 Uhr; 26.11.– 9.1. tägl. außer Mo., Di., Hl. Abend und Silvester: 11–20 Uhr (abweichend günstigere Preise).

■ **Kosten:** Tageskarte Erwachsene ab 1,45 m: 34,50 €, Tageskarte Kids ab 7 Jahre bis 1,45 m: 29,50 €, Kids unter 7 Jahren: freier Eintritt (Kopie der Geburtsurkunde oder Kinderausweis), Zweitageskarte Erwachsene ab 1,45 m 54,40 €, Zweittageskarte Kids ab 7 Jahre bis 1,45 m 45,50 €; Tageskarte Senioren ab 60 J. (Vorlage Ausweis) 17,50 €, Jahreskarte Erwachsene (ab 12 J.) 145 €, Jahreskarte Kids (7–11 J.) 120 €; Busgruppen (ab 15 P.) 29,50 €; Schülergruppen (ab 10 Schüler im Klassenverband) 18,50 € incl. Snack Pack.

■ **Einkehr:** Von September bis Juni im Theater »Fantissima« – große Abend-Unterhaltungsshow mit Vier-Gänge-Menü; Juli/August Open Air Entertainment »Asia Nights« im China Town-Bereich.

■ **Verkehrsanbindung:** A553, Ausfahrt Brühl-Süd, B51; vier Eingänge: Berlin-, Mystery-, China Town und Hotel Ling Bao-Eingang (letzterer nur für Hotelgäste).

■ **Parken:** Parkplätze: Berlin für Bus, Zweiräder, Wohnwagen und Smokey's Digger Camp Übernachtungsgäste; Mystery und China Town PKWs; Hotel Ling Bao Tiefgarage und Parkplatz für Hotelgäste; Hotel Matamba Parkplatz für Hotelgäste.

Voller Spannung wartet die kleine Katze auf die Abenteuer im Phantasialand.

Über 35 rasante und beschauliche Fahrattraktionen sowie neun Shows warten heute auf Junge und Junggebliebene. Für kleine Freizeitpark-Anfänger bieten neben den Attraktionen in »Wözls Kinderland« das Wuze-Tal und der Themenbereich Berlin acht weitere Kinderattraktionen, die Spaß und Abenteuer versprechen. Ebenfalls nicht so schnell, aber trotzdem ganz abenteuerlich sind Wakobato, Silbermine, Hollywood-Tour oder die Geisterrikscha.

Nerven sind bei diesen Herausforderungen unbedingte Voraussetzung: Die Black Mamba wurde bei den Parkscout European Jury Awards als *best European Rollercoaster* ausgezeichnet. Das Mystery Castle ist eine Attraktion für nervenstarke Höhenfans. Colorado Adventure ist eine führerlose Achterbahn, ebenso The Michael Jackson Thrill Ride. Talocan wurde bei den Parkscout Awards zur besten *Non-Coaster-Attraction* gewählt. River Quest ist eine Wasserattraktion mit Nässegarantie.

Ein absolutes Muss und nicht weniger spannend sind die außergewöhnlichen Shows: Die Besucher im Wintergarten werden auf eine mystischgeheimnisvolle Entdeckungsreise mitgenommen – in eine vollkommen neue Dimension Show: *7 – Die Rückkehr der Magie*, eine Verbindung aus Schauspiel und Magie, in der der Illusionskünstler Jan Rouven die Zuschauer in einer bildgewaltigen Inszenierung staunen und schaudern lässt. Zauberhaft ist auch die Eisrevue in der Arena de Fiesta: Internationale Eiskunstläufer präsentieren kunstvolle Pirouetten und prächtige Kostüme. Explosiv ist der Showdown in der »StreetXtreme« Stunt Show. Shady und die Paperback Gang treiben in den Backstreets der Großstadt ihr Unwesen. Die spezielle Kindershow *Drei Freunde im geheimnisvollen Tempel* lädt die Kleinsten zum Mitmachen ein, und weiteres Entertainment wie das 4D-Kino, die Miji African Dancers, die China Artistik oder das Open Air Highlight Drakarium – alle versprechen ein außergewöhnlich fantastisches Abenteuer. Und das Beste – Kids unter 7 Jahren haben freien Eintritt!

Eine rasante Fahrattraktion – die Black Mamba

Auch die Kleinen kommen hier auf ihre Kosten.

32 Internationaler Flughafen – Startbahn für kleine Jets und große Jumbos

Zwischen dem Königsforst und der Wahner Heide liegt der Großflughafen Köln/Bonn

1000 Hektar ist er groß, das sind etwa 1000 Fußballfelder. Die drei Start- und Landebahnen sind ca. 3800 Meter, 2460 Meter und 1860 Meter lang. Hier können kleine Jets und große Jumbos starten und landen.

Der Terminal

Das sogar bei schlechtem Wetter, denn dazu ist der Tower, der Kontrollturm, auf dem Flughafen bestens ausgerüstet. Im Jahr gibt es über 132 000 Flugbewegungen, und fast 10 Millionen Fluggäste fliegen in Köln/Bonn ab oder kommen hier an.

Man fährt auf zwei große Fluggastterminals zu, dazu gruppieren sich rundum dreizehn Fracht- und fünf Wartungshallen sowie weitere Hallen für Kleinflugzeuge und Gebäude für die Flugha-

---

■ **Information:** Flughafen Köln/Bonn, Postfach 98 01 20, 51147 Köln, Heinrich-Steinmann-Str. 12, 51147 Köln, Abtl. Besucherdienst, Tel.: 02203/40 43 88.
■ **Öffnungszeiten:**
Mo.–Fr. 10.00, 11.45, 13.30 und 15.15 Uhr nach Voranmeldung.
■ **Kosten:** Kostenlose Führungen für Kinder, Jugendliche und Schulklassen.
■ **Einkehr:** Kioske und Flughafenrestaurants.
■ **Verkehrsanbindung:**
A59, Zufahrt Flughafen.
■ **Parken:** Parkhäuser vor dem Flughafen.

fenfeuerwehr und den Fuhrpark. Köln/Bonn ist mit mehr als 144 Zielen an das internationale Luftverkehrsnetz angeschlossen.

In Köln/Bonn kann man den Flughafen besichtigen, wo richtige Düsenjets starten und landen. Da kann man bei der Führung das Flughafenvorfeld betreten und die Abfer-

Der Einweiser zeigt den »Parkplatz« an.

tigungshallen aus nächster Nähe anschauen. Ja, man darf einen Blick hinter die Kulissen des Flughafens werfen. Und dann ein Rundflug! Auf vielen Flugplätzen ist auch das möglich: Kleine Sportmaschinen stehen für Rundflüge bereit. Vielleicht haben sich Ihre Kids schon lange gewünscht, wie ein Vogel über die Fluss- und Vorgebirgslandschaft des Rheinlandes zu schweben? Was darf es sein, eine Sportmaschine? Zuerst muss man sich anschnallen, dann rollen die Maschinen über die Startbahn und werden hochgezogen.

Motor und Winde lassen die kleine Fahrgastkabine erzittern, dann hebt die Maschine vom Boden ab. Schnell gewinnt das Flugzeug an Höhe. Sein Propeller surrt unent-

Tipp
Vielleicht wollt ihr ja mal eine Fahrt mit einem Heißluftballon machen? Da lest am besten mal Nr. 33, auf Seite 82, 83!

wegt. Der Pilot erklärt das Land unten: »Was da vorn so silbern schimmert, das ist der Rhein!« Oder: »Das ist der Kölner Dom!« Oft muss der Pilot auch gegen die lauten Fahrgeräusche anbrüllen: »Da hinten, die dunklen Hügel, das ist das Siebengebirge!« Weite Wiesen und Felder, dazwischen die Hecken, dann wieder Büsche und einige Waldstreifen, alles durchzogen von vielen schmalen, dünnen und silbrigen Fäden – die Bäche und Flüsschen. Das alles entdeckt man von oben. Dazu noch die roten Dächer der kleinen und großen Ortschaften.

Mit einer großen Flugkurve zieht später der Luftvogel wieder auf das Flugfeld hinunter, rollt langsam aus und bleibt dann an der großen Flugzeughalle stehen. Hier kann man die vielen anderen Flugmaschinen beobachten.

33 Flugplatz Hangelar

Ausflug in die Lüfte – Ballonfahren macht süchtig

Wie wäre es denn mit einem besonderen Abenteuer? Denn immer, wenn so ein Riesenballon in den buntesten Farben lautlos am rheinischen Himmel auftaucht, mal ehrlich – wächst dann nicht in jedem der Wunsch nach einer Ballonfahrt?

■ **Information:** Sankt Augustin, Flugplatz Hangelar, Aeronautic-Team, Michael Klos, Tel.: 0221/986 30 13 oder 02291/91 12 84.

■ **Verkehrsanbindung:** A560 Ausfahrt 1, 2, 3, A59 Ausfahrt 39, 40.
Bahn: Ab Bonn Hbf U/Stb. 66 Richtung Siegburg, Haltestelle Hangelar Mitte oder West.

■ **Parken:** Parkmöglichkeiten am Flugplatz.

Da war die Familie Schmitz zu sechst in den festen, quadratischen Korb geklettert, machte es sich, so weit es ging, gemütlich für die ein- bis eineinhalbstündige Rheintour. Über ihnen stand der bunte Heißluftballon in all seiner Mächtigkeit in Hangelar. Wäre da nicht das Geräusch der beiden Gasbrenner, die ab und zu mit heftigem Zischen auf sich aufmerksam machten, dann wäre die Stille fast ehrfurchtsvoll.

»Vor dem Start müssen wir schon einmal die Landung trainieren«, sagte der Chef im Ring der Siebener-Crew, ein erfahrener »Ballöner«, der an diesem herrlichen, aber kühlen Maiabend neben der Fahrt auch die Ballontaufe mit Feuer und Sekt vornehmen sollte. »Gleich geht's los«, hieß es dann. Alles verlief mit einer großartigen Ruhe (und einer Versicherung, die zu jedem Start gehört und vorher unterzeichnet wird). Doch spätestens mit den ersten Zentimetern Luft, die sich zwischen das Rasengrün des Parks und den Boden des Korbes schoben, begann das spannende Erlebnis Ballonfahren.

Das »Bodenpersonal« und die Schaulustigen, die unten zurückblieben, applaudierten, und nun bewegte sich der Ballon Richtung Stadtmitte Siegburg. Hier und da entdeckten die Ballonfahrer winkende Hände in den Gärten, bevor der Sportplatz überfahren wurde. Jawohl, »fahren« nennt man die Fortbewegung mit dem Ballon, ganz richtig! »Höhe 250 Meter«, so der Ballonführer, und rundum klickten die Fotoapparate der

Familie Schmitz, die die seltene Gunst der Stunde nutzte, die alte Anno-Stadt aus der luftigen Höhe aufs Bild zu bannen. »Oh, jetzt geht's Kurs Vorgebirge«, mutmaßte Vater Johannes. Ein gutes Stück Ville tauchte unter ihnen auf, Rehe und Hasen brachten sich vor dem Ungetüm, das mit mächtigem Schatten durch die Abendsonne fuhr, in Sicherheit. Aus der vornehmen Blässe der Luftpassagiere, noch vor dem Start ob der Aufregung erkennbar, war mittlerweile strahlendes Lachen geworden. Begeisterung, Zufriedenheit, ja ein wenig Stolz machten sich breit, in diesem Korb am heutigen Abend dabei sein zu können.

![Lautlos schweben in der Abendsonne – ein besonderes Vergnügen]()

Lautlos schweben in der Abendsonne – ein besonderes Vergnügen

Mit dem Ballon fliegt man nicht, sondern fährt – in 200–300m Höhe

Ein Schnappschuss zur Erinnerung an das Luftabenteuer

In der Ferne sank die Sonne und deutete das an, was dem Heißluftballon nun auch unmittelbar bevorstand. »Wir landen in Marienbaum«, hatte Mutter Ulrike schon die Landschaft am Zielort erkannt. Langsam fuhr der Ballon auf die grüne Wiese zu, der Korb mit den Passagieren rumpelte ein wenig über die Wiese und stand.

Tipp
Um einen großen Flughafen zu erkunden, lest bitte auf Seite 81 über den »Besucherdienst Flughafen Köln/Bonn«.

Der Verfolger war dem Ballon über Funk während der Fahrzeit gefolgt und war zeitgleich vor Ort. Gemeinsam wird der Ballon wieder im Hänger verstaut. Es folgte die Taufe: »Getreu der Tradition der Aeronauten und nach Zunft und Ordnung der Ballöner werden Sie mit Feuer und Sekt getauft«, sagte der Chef und überreichte den Taufbrief an die gesamte Familie Schmitz.

Gut drei Stunden waren vergangen, seit der Aufbau des Heißluftballons in Sankt Augustin begann.

»So Kids, jetzt zurück in die Jugendherberge, und morgen streifen wir durch die schöne Altstadt von Siegburg«, gab Mutter Ulrike das nächste Ziel an.

34 Residenz der Musen seit 2000 Jahren

Stadtwanderung: Spuren bewegter Geschichte

Kelten und Römer, Kurfürsten und Erzbischöfe, Wittelsbacher und Habsburger, Franzosen und Preußen – sie alle haben in 2000 Jahren das Bild der Stadt am Rhein geprägt.

Römische Legionen schlugen eine Brücke über den Strom, errichteten Militärlager und bauten in dieser günstigen Lage des Tales und Rheinstromes die Limesstraße. Im Mittelalter verlagerte sich die Siedlung vom Römerlager zum Münster hin. Hier siedelten sich Handwerker, Kaufleute,

---

■ **Information:** BonnInfo, Windeckstr. 1, 53111 Bonn, Tel.: 0228/77 50 00, Fax: 77 50 77.

■ **Öffnungszeiten:** Kunstmuseum: Di.–So. 11–18 Uhr, Mi. 11–21 Uhr, Kunst- u. Ausstellungshalle BRD: Di.–Mi. 10–21 Uhr, Do.–So. 10–19 Uhr, Haus der Geschichte: Di.–So. 9–19 Uhr, Museum Koenig: Di.–So. 10–18 Uhr, Mi bis 21 Uhr, Frauenmuseum: Di.–Sa. 14–18 Uhr, So. 11–18 Uhr, Rhein. Landesmuseum: Di.–So. 10–18 Uhr, Mi 10–21 Uhr, Beethoven-Haus: 1.11.–31.3. Mo.–Sa. 10–17 Uhr, So./Feiertag 11–17 Uhr.

■ **Kosten:** Kunstmuseum: 5 €, ermäßigt 2,50 €, Familienkarte 10 € Kunst- und Ausstellungshalle BRD: 8 €, ermäßigt 5 €, Familienkarte 14 €, Haus der Geschichte: Eintritt frei, Museum Koenig: 3 €, ermäßigt 1,50 €, Frauenmuseum: 4,50 €, ermäßigt 3 €, Gruppen ab 5 P. 3 €, Rhein. Landesmuseum: 5 €, ermäßigt 3,50 €, Gruppen ab 10 P. 4,50 €, Kids/Jugendliche bis 18 J. freier Eintritt, Beethoven-Haus: 5 €, ermäßigt 4 €, Familienkarte 10 €.

■ **Einkehr:** Einkehrmöglichkeiten in der Innenstadt in großer Auswahl.

■ **Verkehrsanbindung:** PKW: A555, Abfahrt 7, Verteilerkreis Bonn/Zentrum; von der A565 verschiedene Abfahrten zu den Ortsteilen.

■ **Parken:** Parkmöglichkeiten ausgeschildert im Zentrum.

Eine futuristische Landschaft – die Türme bei der Bundeskunsthalle

Händler und Bedienstete des Hofes an. Zwei Könige wurden hier gekrönt und hohe Staatsbeamte vereidigt. Denn 1949 begann das Kapitel der Stadt als Bundeshauptstadt. Die Geschichte hat Spuren hinterlassen: Auf Höhe des Bundesviertels ist die Museumsmeile entstanden, zu der ins-

gesamt fünf hochkarätige Häuser zählen. Macke, Baselitz und andere sind im Bonner Kunstmuseum zu sehen; die Bundeskunsthalle macht mit Wechselausstellungen aus den Bereichen Kunst, Wissenschaft, Technik, Geschichte und Architektur Strömungen europäischer und weltweiter kultureller Entwicklungen deutlich.

Rückblick auf 60 Jahre im »Haus der Geschichte«

87

Das Beethovenhaus

Das Haus der Geschichte befindet sich an der heutigen Willy-Brandt-Allee 14. Das Zoologische Forschungsmuseum Alexander König hat weiterhin die Adresse Adenauerallee 160.

Einzigartig ist das Frauenmuseum (Im Krausfeld 10, Straßenbahnlinien 61). 1981 gegründet, versteht es sich als *Museion*, ein Versammlungsort, in dem Musen und Matronen in Werkstätten und Ausstellungsräumen ihre Kunst darbieten. 250 Ausstellungen haben schon stattgefunden – und immer gibt's einen leckeren Mohnstreusel, auch für Väter, die hier nicht draußen bleiben müssen. Im Rheinischen Landesmuseum, Colmantstr. 14–16, steht neben vielen Zeugnissen rheinischer Geschichte und Kultur auch der Grabstein des römischen Hauptmanns Marcus Caelius, einziger Beweis für die Varus-Schlacht im Teutoburger Wald, zu der die römischen Feldherren Drusus und Tiberius vom Rhein her aufbrachen.

Musikfreunde können vier Erinnerungsstätten an den großen Sohn der Stadt aufsuchen: Von Beethovens Geburtshaus in der Bonngasse bis zur Beethovenhalle mit Sinfonien live und der Betonskulptur »Beethon« bis zum Beethoven-Denkmal auf dem Münsterplatz. Unter den bemerkenswerten Bonner Kirchen (Münsterbasilika, Remigius-Kirche, Namen-Jesu-Kirche) nimmt die Kreuzbergkirche, Stationsweg 21, einen besonderen Platz ein. Hier stiftete Kurfürst und Erzbischof Clemens August eine Nachbildung der Heiligen Stiege in Rom. Balthasar Neumann machte einen Fassadenentwurf, Maler und Stuckateure aus Bayern und Bonn schufen an der dreiläufigen Treppe Stufen und Geländer aus Lahnmarmor, malten Wände und Decken vollständig aus und modellierten die prachtvollsten Stuckornamente.

An der Stelle, wo heute die Universität im Stadtbild dominiert, ließ Kurfürst Joseph Clemens 1697 bis 1705 von dem Italiener Zuccali zunächst einen kastellartigen Palazzo errichten. 1715–1723 öffnete Robert de Cotte diesen strengen Bau nach Süden und fügte den Hofgarten hinzu. Am Endpunkt der Stadtwanderung liegt am dreieckigen Marktplatz das Rathaus (1737). Auf dessen Treppe wurde 1848 nicht nur die schwarz-rot-goldene Fahne der Märzrevolution geschwungen, sondern hier trat auch der erste Bundespräsident, Theodor Heuss, vor die Bonner und die Weltöffentlichkeit; später folgten Staatspräsident de Gaulle, US-Präsident John F. Kennedy und manch andere Größen dieser Welt.

Tipp
Kleine und große Musikfreunde sollten unbedingt das Geburtshaus Beethovens in der Bonngasse besuchen. Nicht nur viele Bilder und Noten, sondern auch eine virtuelle Darbietung über das Leben und Werk Beethovens, die ganz speziell für Kinder konzipiert wurde, sind zu sehen und zu hören.

Zu empfehlen ist die »Bonn Regio Welcome Card«. Mit ihr erhält man freien Eintritt in über 20 Museen sowie freie Fahrt mit den öffentlichen Verkehrsmitteln zu ihren Attraktionen.

Im Beethovenhaus können Kinder selbst in die Fußstapfen des großen Meisters treten.

35 Bonn und die große Welt – das ehemalige Regierungsviertel

Wo Staatsmänner, Diplomaten und Politiker lebten und regierten

»Aktenkundig« wird Bonna bereits zwischen 13 und 9 v. Chr.: Tacitus erwähnt bei den Thronwirren nach Kaiser Nero die Legionsfestung *castra Bonnensia*. 400 Jahre lebten die Römer am Rhein.

■ **Information:** BonnInfo, Windeckstr. 1, 53111 Bonn, Tel.: 0228/77 50 00, Fax: 77 50 77.

■ **Öffnungszeiten:** Ganzjährig möglich.

■ **Einkehr:** Einkehrmöglichkeiten in der Innenstadt in großer Auswahl.

■ **Verkehrsanbindung:** PKW: A555, Abfahrt 7, Verteilerkreis Bonn/Zentrum; von der A565 verschiedene Abfahrten zu den Ortsteilen.

■ **Parken:** Parkmöglichkeiten ausgeschildert im Zentrum.

Die Römer gingen, die Franken kamen: In Bonnburg tauchten deutsche Herrscher wie König Pippin, Heinrich der Vogler und Karl der Einfältige auf. Jetzt wurden Münzen geschlagen, das Geld aber in der Händler- und Handwerkersiedlung an der Remigiusstraße verdient. Die Bonner hatten schon immer einiges zu bestehen: Normannenstürme, Truchsessische Wirren, glänzende Hofhaltung der Kurfürsten, französische Zwischenspiele und preußische Herrschaft. Zwei Schicksalsjahre bestimmten das politische Bonn: 1949 fiel das Votum für Bonn als vorläufige Bundeshauptstadt; 1991 beschloss der Bundestag seinen Umzug nach Berlin. Das politische Bonn ist von Norden her über die A 59/565, Abfahrt Bonn-Poppelsdorf, zu »erfahren«. Über die Reuter-Straße erreicht man die Adenauerallee. Hier beginnt der Rundgang durch die sichtbare Geschichte der Bundesrepublik am Museum Alexander König, wo 1948 der Parlamentarische Rat seine Eröffnungssitzung abhielt. Der oberste Repräsentant unserer Nation, der Bundespräsident, hatte in der Zeit Bonns als Regierungsstadt seinen Amtssitz in der Villa Hammerschmidt, die auch weiterhin sein Bonner Amtssitz ist. Zwei gut erhaltene Brunnen römischen Ursprungs deuten darauf, dass hier schon ein Römer seine *villa rustica* hatte. Das Gebäude selbst entstand nach Plänen des Architekten August Dieckhoff um 1860, als wohlhabende Industrielle Bonn an der »Rheinischen Riviera« zum Wohnsitz wählten. Leopold Koenig (der Zuckerkönig) ließ die Villa 1868 umbauen. Kommerzienrat Rudolf Hammerschmidt, von dessen Erben die BRD 1950 Haus und Grundbesitz erwarb, zog hier 1901 ein. Zwischen der Villa und dem ehemaligen Bundeskanzleramt liegt das Palais Schaumburg, von einem Park umgeben. 1858–60 erbaut, wurde es im Jahre 1890 von Prinz Adolf Wilhelm Victor zu Schaumburg-Lippe bezogen und war viele Jahre gesellschaftlicher Mittelpunkt Bonns. Nach dem Verkauf an das Deutsche Reich 1936 und seiner Bestimmung zum Haus des Bundeskanzlers 1949 hat die alte Villa manche historische Stunde der BRD erlebt, zuletzt 1973 den Austausch der Noten zum Grundlagenvertrag zwischen Bonn und Ostberlin. Urzelle des heutigen Komplexes Bun-

Villa Hammerschmidt: der Zweitamts- und Wohnsitz des Bundespräsidenten

deshaus ist die Pädagogische Akademie Bonn, die 1930–36 im Bauhausstil am Rhein errichtet wurde. 1949 nahm das Gebäude den Bundestag auf. Als 1988 der Plenarsaal abgerissen wurde, zog der Bundestag vorübergehend in das benachbarte Alte Wasserwerk. Gleich gegenüber kratzen die 29 Stockwerke des Langen Eugen, zwischen 1966 und 1969 unter Professor Eiermann entstanden, am Bonner Himmel – heute das Zentrum des UN-Campus, wo 19 Einrichtungen der Vereinten Nationen, darunter das UN-Klimasekretariat, ihren Sitz haben. Wo einst bei der Lindenwirtin Aennchen Studenten fröhlich zechten, treffen sich heute in einer nostalgischen Einrichtung die Feinschmecker Bonns.

Über die Rheinauen führt die A 562 an der Kommende Ramersdorf zur A 59 in Nord- oder Südrichtung zurück.

Das ehemalige Bundeskanzleramt mit der Skulptur von Henry Moore

29 Stockwerke hoch: der »Lange Eugen«, das ehemalige Abgeordnetenhaus am Rhein

36 Lehrpfad Stadtökologie

Die Stadt als Lebensraum für Menschen, Tiere und Pflanzen

Vulkane, Wasser und Menschen haben die Landschaft im Bonner Raum geformt. Das hat der »Lehrpfad Stadtökologie« zum Inhalt.

■ **Information:** BonnInfo, Windeckstr. 1, 53111 Bonn, Tel.: 0228/77 50 00, Fax: 77 50 77.
Weiteres Arbeitsmaterial für Lehrer und Eltern als aktualisierte Version (2008) als PDF-Datei im Internet: www.bonn.de – Tourismus & Kultur – Stadtrundfahrten und Stadtrundgänge – Geologischer Lehr- und Wanderpfad. Ansprechpartner: Stadtplanungsamt der Stadt Bonn.

■ **Öffnungszeiten:** Ganzjährig möglich.

■ **Einkehr:** Einkehrmöglichkeiten in der Innenstadt in großer Auswahl.

■ **Verkehrsanbindung:** PKW: A555, Abfahrt 7, Verteilerkreis Bonn/Zentrum; von der A565 verschiedene Abfahrten zu den Ortsteilen.

■ **Parken:** Parkmöglichkeiten ausgeschildert im Zentrum.

Mithilfe eines Heftes der Stadt Bonn kann man einen spannenden Rundgang in Sachen Ökologie, der Beziehung der Lebewesen zu ihrer Umwelt, machen. Der Rhein, die Uferterrassen, das Klima und die Pflanzenwelt sind im Naturraum Stadthaus gut zu beobachten (Mai–Okt. Fr. 14 bis 16 Uhr, So. 11 bis 14 Uhr). Eine »Waldinsel« in der Innenstadt ist der Alte Friedhof, der schon 1715 vom Kurfürst-Erzbischof Joseph Clemens angelegt wurde; damals lag er außerhalb der Stadt. Viele große Persönlichkeiten sind hier bestattet worden: Ernst-Moritz Arndt, Robert und Clara Schumann und die Mutter des Komponisten Beethoven.

Hier werden verschiedene Holzarten erklärt.

Viele Arten sind auf dem Lehrpfad anzutreffen.

Ein außergewöhnlicher Pflanzenwuchs ist auf der Bastionsmauer am Florentiusgraben zu beobachten, also die Lupen und das Bestimmungsbuch nicht vergessen, denn belebte Mauern innerhalb der Stadt weisen bemerkenswerte Arten und Lebensgemeinschaften auf. Weiter zum Gänsebrunnen zwischen Gangolfstraße und Münster. Vorherrschende Pflanzenarten sind Silbermoos und niederliegendes Mastkraut. Sogar in den Pflasterritzen sind neun verschiedene Pflanzenarten nachgewiesen worden! Der Münsterplatz ist ein besonderes Beispiel für die Bodenversiegelung einer Stadt, die viel Wärme speichert und nur wenig abgibt. Daraus entwickeln sich besondere Probleme und Auswirkungen auf die Tier- und Pflanzenwelt.

Die sogenannte »Gumme«, ein nacheiszeitlicher Rheinarm, durchzieht die Innenstadt von Bonn. Trotz der Auffüllung mit Trümmerschutt aus dem Zweiten Weltkrieg kann man den Verlauf noch erkennen. Am Zentralen Omnibusbahnhof ist die Auswirkung der Autoabgase auf Stadt und Menschen am besten zu erkennen.

Weitere Stationen sind: Poppelsdorfer Allee, die Vorgärten der Prinz-Albert-Straße, Bahngleisbrache in der Königsstraße/Kaiserstraße, Grünflächen im Hofgarten, Wildpflanzen im Stadtgarten, Mauerbegrünung am Alten Zoll, Ufermauern am Brassertufer, Abfall am Fritz-Schroeder-Ufer.

Viele Themen lassen sich bei diesem Rundgang erkennen und besprechen: nicht nur die Vielfalt der Pflanzen und ihrer Standorte, sondern auch der Abfall, brachliegende Flächen, Straßenbäume und Bäche in der Stadt, Grünflächen und Verbesserung des Wohnumfeldes.

37 Von Bonn bis Boppard

Eine »Sehfahrt« auf Rhein und Mosel mit dem »Böötschen«

Kurze Vorstellung des Rheins: Länge Quelle–Meeresmündung: 1320 Kilometer, 850 Kilometer deutsche Uferlandschaft. Hochrhein ab Bodensee (586 Meter Höhenlage), Oberrhein zwischen Schwarzwald und Vogesen, Rheingau-Knick am Taunus, Mittelrhein bis Bonn (112 Meter breit an der Loreley), Niederrhein bis Deltagebiet (1 Kilometer breit bei Wesel und 10 Meter über NN bei Emmerich). Bingen bis Bonn: das romantische Rheintal.

■ **Information:** Köln-Düsseldorfer, Deutsche Rheinschifffahrt AG, Frankenwerft 35, 50667 Köln, Verkauf: Tel.: 0221/208 83 18, Fax: 208 83 45; Charter Tel.: 0221/208 84 01, Fax: 208 84 03; Katalog Tel.: 0221/208 82 88, Fax: 208 82 31; BonnInfo, Windeckstr. 1, 53111 Bonn, Tel.: 0228/77 50 00, Fax: 77 50 77.

■ **Verkehrsanbindung:** PKW: A555, Abfahrt 7, Verteilerkreis Bonn/Zentrum; von der A565 verschiedene Abfahrten zu den Ortsteilen.

■ **Parken:** Parkmöglichkeiten ausgeschildert im Zentrum.

Und nun runter von der Straße und R(h)ein ins Vergnügen. »Anker auf und Leinen los« heißt es dann auf einem der vielen weißen »Böötschen«, Boote und Dampfer. Allein 14 Ausflugsschiffe gehören zur Flotte der KD (Köln-Düsseldorfer), die 1826 gegründet wurde und damit die älteste Fahrgastreederei in Deutschland ist. Sie und verschiedene andere Schifffahrtsgesellschaften veranstalten lustige oder beschauliche, romantische oder kulinarische Entdeckungsreisen auf dem wahrhaft europäischen Rheinstrom. Von Köln bis Bad Hönningen oder von Koblenz bis Rüdesheim: reine Romantik, wohin man schaut. Ein Vorschlag: Zwei Flüsse an einem Tag erleben. Dabei muss man nicht einmal die Schiffe wechseln. Einsteigen in Bonn: Abfahrt 7:30 Uhr (Bad Godesberg 8:00 Uhr, Königswinter 8:15 Uhr). Nun macht man es sich an Bord gemütlich und genießt die Fahrt entlang des Siebengebirges: Da hebt zuerst der Petersberg seine 331 Meter in die rheinischen Wolken. Auf dem Gipfel war das ehemalige Gästehaus der Bundesregierung den Staatsmännern und Staatsfrauen aller Nationen eine noble Herberge, heute ist es ein Luxus-Hotel – 2001 fand hier die erste Petersberger Af-

Etwas ganz Besonderes: eine Fahrt mit der Moby Dick

ghanistankonferenz statt. Über die Löwenburg, den vorletzten Berg, geht jede Nacht der wilde Jäger mit Hörnerschall und Hundegebell. Überreich ist der Kranz der Sagen und Märchen, die von den sieben Bergen erzählen. 1923 tobten hier Abwehrkämpfe der Bauern gegen Abtrennungsbestrebungen des Rheinlandes vom Deutschen Reich.

Friedlich gleitet der weiße Luxusliner zwischen der Insel Grafenwerth und Nonnenwerth an Bad Honnef, dem »Rheinischen Nizza« entlang. Liebliche Uferidylle im Wechsel mit Campingplätzen, tief hängenden Trauerweiden und grünen Rheinauen breitet sich aus. Dann Rolandseck mit dem Rolandsbogen. Er erinnert an die unglückliche Liebe zwischen Roland und Hildegunde. Unkel mit der Erpeler Ley, danach die Brückenpfeiler von Remagen, die den Brückenschlag der Amerikaner im März 1945 ins Gedächtnis rufen. Malerische Städte liegen wie Farbkleckse rechts und links an den Ufern. In der bunten Stadt Linz umstehen die farbigen Fachwerkhäuser wie Zinnsoldaten den Marktplatz. Zwei größere Städte, Andernach und Neuwied mit mächtigen Brücken, wachsen an den Ufern empor. Links lassen die breiten Mauern der Festung Ehrenbreitstein ihre starken Muskeln spielen. Und gegenüber grüßt das Deutsche Eck, wenn der Dampfer jetzt mit einer eleganten Kurve in die Mosel einfährt. Gleich grüßen mit dem Charme des ältesten Weinbaugebietes Deutschlands und seiner grünen Rebhänge mittelalterliche Städtchen und verträumte Winzerorte. Ab Winningen geht's dann zurück. Jetzt lässt man sich an Bord verwöhnen, nach den Augen ist der Gaumen an der Reihe.

Vom Schiff aus sieht man das Panorama des Siebengebirges.

Und fährt man im Mai, dann taucht der »Rhein in Flammen« am ersten Mai-Samstag zwischen Bonn und Linz und am zweiten August-Samstag zwischen Koblenz und Braubach um 23 Uhr mit einem gigantischen Feuerwerk Fluss und Orte in ein festliches Licht. So richtig mittendrin ist man auf einem der Fahrgastschiffe. In den Rheinstädten ist den ganzen Tag Volksfeststimmung (Info: 0228/77 50 00).

Der Nostalgie-Dampfer »Goethe« fährt täglich 9 Uhr ab Koblenz nach Rüdesheim und zurück.

38 »Dort, wo die sieben Berge...«

Der Naturpark Siebengebirge

Gegenüber der ehemaligen Bundeshauptstadt Bonn auf der rechten Rheinseite liegen das Siebengebirge, das älteste deutsche Natur-schutzgebiet, und der erste, aber auch kleinste Naturpark (42 qkm) in Nordrhein-Westfalen.

Der Name kommt nicht von den sieben Bergen, die in Wirklichkeit an die 40 sind, sondern von »Siefen« (Siepen), den schluchtartigen, in Ost-West-Richtung verlaufenden Bachtälern. Im Waldgebirge sind aus dem Mittel-

---

■ **Information:** Margarethenhof, Königswinterer Str. 409 (Eingang Löwenburger Straße), 53639 Königswinter, Tel.: 02223/90 94 94, Fax: 90 97 00, E-Mail: info@naturpark-siebengebirge.de www.naturpark-siebengebirge.de, Fähren: Königswinter–Mehlem 5.45–21.50 Uhr (So. ab 7.30 Uhr), Niederdollendorf–Godesberg 6.05–21.50 Uhr (Sa./So. ab 8.10 Uhr), Bad Honnef–Rolandseck 6.30–21.00 Uhr (So. 8.00–21.00 Uhr).

■ **Öffnungszeiten:** Ganzjährig zu begehen, im Winter ebenfalls sehr reizvoll.

■ **Einkehr:** Rucksackverpflegung empfohlen; unterwegs einige Einkehr-möglichkeiten.

■ **Verkehrsanbindung:** Vom Hbf Köln mit den DB-Linie RE8 und RB27 Mo.–Fr. jede ½ Stunde um '38 und '03 nach Niederdollendorf. Samstags zusätzlich stündlich '38, RE27 sonntags jede Stunde um '38 nach Nieder-dollendorf zu Fuß über die Heisterbacher Straße durch den Ort bergauf. Hinter dem Haus Nr. 144 rechts in die Straße An der Luhs, am Bildstock mit Marienstatue geht's links vorbei, an der Gabelung rechts halten, Richtung Heisterbach, Petersberg.

Rückreise: Bf Niederdollendorf mit den DB-Linien RE8 oder RB27 (Mo.–Fr., sonntags stündlich um '42 und '11, in den Abendstunden um 20.42, 20.11, 21.11 Uhr, samstags zwischen 16 und 19 Uhr jeweils um '11) zurück nach Köln.

■ **Parken:** Ausschilderungen Parkleitsystem in Königswinter beachten! Kostenfrei unter der B42.

Fachkundige Erklärung für kleine Waldläufer

alter kleine Privatwaldungen bekannt, die Weinbergpfähle zum Hochbinden der Reben lieferten. Die Trachyte des Drachenfelses, bereits von den Römern gebrochen und zur Errichtung ihrer Steinbauten verwendet, dienten im Mittelalter dem Bau zahlreicher Kirchen. Der Rhein bot für das Gestein einen vorzüglichen Transportweg. Im 19. Jahrhundert war das Gebirge stark in seinem Waldbestand bedroht. 1836 erwarb der preußische Staat die bedrohte Kuppe des Drachenfelses und ordnete 1853 die Erhaltung des Laubholzbestandes an. Heute wächst Buchenwald auf den meist steilen Hängen. Edelkastanien verraten ein günstiges Klima im Regenschatten der Eifel. Die markantesten Berge wie der Öl- und Petersberg, die Löwen- und Wolkenburg und andere sind Härtlingskuppen, entstanden durch vulkanische Tätigkeit. Der Ölberg ist die höchste Erhebung mit 461 Meter über NN. Das Siebengebirge ist nicht besonders reich an Wild; der Wanderfalke, zwischenzeitlich ausgestorben, wird wieder angesiedelt. Zum Wiedtal hin tritt der Schwarze Milan und als Gast der Rote Milan neben den regelmäßig hier brütenden Greifvögeln Turmfalke, Mäuse- und Wespenbussard auf. Die Höhle Ofenkaule ist eine Überwinterungsstätte zahlreicher Fledermausarten. Perlgrasreiche Eichen-Buchen-Wälder sind gleichzeitig Standorte für Orchideen und die Bergflockenblume. Elsbeerenreiche Wälder finden

sich an den oberen Kuppen der talnahen Berge, ebenso Waldschwingel, Bergholunder, Farne oder Zahnwurz. Reste submediterraner Felsheide kommen an der Wolkenburg, dem Drachenfels und der Rabenlay vor. Felsengebüsch mit Felsenbirne und Felsenmispel ist noch am Steilhang des Drachenfelses zu finden.

39 Mit Drachenpass zu Drachenfels und Drachenburg

»Sieben auf einen Streich« und auf Drachentöters Spuren

Die Drachenfelsstadt Königswinter verbindet die Landschaft des Rheintales mit dem Siebengebirge.

Schaurig: überall die Drachen

So kann man Europas meistbestiegenen Berg besuchen: bequem mit der ältesten Zahnradbahn Deutschlands (1883) auf 1,5 Kilometer mit 22 % Steigung, mit der Pferdedroschke oder originell auf Esels Rücken. Ein Denkmal für den Esel, der tagaus, tagein Touristen auf den Drachenfels trägt, steht in Königswinter: »Mir rigge met dem Äsel op de Drachenfels«, dichtete Willi Ostermann. Bis 1928 gab es noch Sänften- und Kiepenträger, allmählich abgelöst von Eseln, für die ein Reglement seit 1841 bestand: die Eseltreiber sollten sich anständig zu den Gästen benehmen. Oder man steigt die 321 Meter zu Fuß hoch. In nächster Zeit wird die Drachenfelsspitze ausgebaut, ebenso die Drachenfelsstraße.

1140 begann der Kölner Erzbischof Arnold I. mit dem Bau seiner Trutzburg auf dem Drachenfels. Sie trotzt auch heute noch als Ruine für drei Millionen Besucher, die jährlich den Ausblick ins Rheintal und auf das Siebengebirge genießen wollen. Baron von Sarter baute 1881–1885 das Schloss Drachenburg. In dem »Neuschwanstein am Rhein« sind monumentale Wandgemälde zu sehen. Motive aus der Sagenwelt bietet die Nibelungenhalle, und nach der Drachenhöhle, wo Siegfried den Drachen erschlagen und im Blut gebadet haben soll, ist eine Nachbildung dieses Großreptils zu sehen, später sogar ein Reptilienzoo mit echten, lebenden

■ **Information:** Tourismus Siebengebirge, Drachenfelsstraße 11,
53639 Königswinter, Tel.: 02223/91 77 13, Fax: 91 77 20,
E-Mail: sabine@siebengebirge.com, www.siebengebirge.com,
Siebengebirgsmuseum, Kellerstr. 16, Tel.: 02223/37 03,
Sealife Königswinter, Rheinallee 8, 53639 Königswinter,
Tel.: 01805/66 69 01 01, Fax: 297 27, koenigswinter@sealife.de; www.sealife.de,
Fähren: Königswinter–Mehlem 5:45–21.50 Uhr (So. ab 7.30 Uhr),
Niederdollendorf–Godesberg 6.05–21.50 Uhr (Sa./So. ab 8.10 Uhr),
Bad Honnef–Rolandseck 6:30–21:00 Uhr (So. 8–21 Uhr).

■ **Öffnungszeiten:** Ganzjährig möglich; Drachenfelsbahn Jan., Feb., bis
Mitte Nov. werktags bei Bedarf 12–17 Uhr, Sa./So. stündlich 11–18 Uhr,
März + Okt. halbstündlich 10–18 Uhr, April halbstündlich 10–19 Uhr,
Mai–September halbstündlich 9–19, Mo.–So. halbstündlich 10–18 Uhr.
Esel: Ostern–31. Oktober an der Talstation der Bahn.
Schloss Drachenburg: 1. April– 30. Okt. täglich 11–18 Uhr
Nibelungenhalle mit Drachenhöhle und Zoo: 15. März–15. Nov. 10–18 Uhr,
16. Nov.–14. März Sa., So./Feiertage 11–16 Uhr.
Siebengebirgsmuseum: z. Zt. bis Mitte 2011 geschlossen.
Sealife Königswinter: täglich 10–18 Uhr, letzter Einlass 17 Uhr

■ **Kosten:** Eintritt Bahn: Erwachsene einfache Fahrt 7,50 €, Berg- und
Talfahrt 9 €, Kids 4,50 €, Gruppen- und Klassenrabatte.
Museum: Erwachsene 2 €, Kids 1 €, Gruppenermäßigung.
Nibelungenhalle: Erwachsene 5 €, Kids 3 €, Gruppenermäßigung.
Schloss Drachenburg inkl. Stiftung Naturschutzgeschichte: Erwachsene 5 €,
Kids 3 €, Familienkarte 11 €. Esel: nur für Kids 10 €.
Sealife: Erwachsene 14,50 €, Kids 9,95 €, Familien- und Gruppenermäßigung.

■ **Einkehr:** Viele Einkehrmöglichkeiten in Königswinter und auf dem
Drachenfels.

■ **Verkehrsanbindung:** Vom Hbf Köln mit den DB-Linien RE8 und RB27
Mo.–Fr. jede ½ Stunde um '38 und '03 nach Niederdollendorf. Samstags
zusätzlich stündlich '38, RE27 sonntags jede Stunde um '38 nach Nieder-
dollendorf. Zu Fuß über die Heisterbacher Straße durch den Ort bergauf.
Hinter dem Haus Nr. 144 rechts in die Straße An der Luhs, am Bildstock mit
Marienstatue geht es links vorbei, an der Gabelung rechts halten, Richtung
Heisterbach, Petersberg.
Rückreise: Bf Niederdollendorf mit den DB-Linien RE8 oder RB27 (Mo.–Fr.,
sonntags stündlich um '42 und '11, in den Abendstunden um 20.42, 20.11,
21.11 Uhr, samstags 16–19 Uhr jeweils um '11) zurück nach Köln.

■ **Parken:** Ausschilderungen Parkleitsystem in Königswinter beachten!
Kostenfrei unter der B42.

Krokodilen und Schlangen. Weniger schaurig geht es im Siebengebirgsmuseum zu, wo für naturkundliche Exkursionen ein Museumsrucksack mit allerlei nützlichem Inhalt ausgeliehen werden kann. Empfehlenswert ist diese Wanderung: Von der Bahnhofstraße

Bequem mit der Zahnradbahn hochfahren

aufwärts, die Winzerstraße überqueren bis zum Eingang des Nachtigallentales. Hier hört man heute noch an schönen Sommerabenden die herrlichen Sänger im Tale schlagen. Die Vögel sollen vom Kloster Himmerod hergeflogen sein. Durch süßen Gesang verwirrten sie dort die Brüder. So wies der hl. Bernhard die Nachtigallen vom Klostergelände. Sie flogen von der Eifel her und ließen sich im waldigen Tal am Fuß des Drachenfelses nieder. Der Weg führt an der Weggabelung rechts weiter. Ein Stück bergaufwärts liegt links die Willi-Ostermann-Gedenkstätte (Kölner Heimatdichter 1876–1936), der viele unvergessliche Karnevalslieder und eines über das Siebengebirge (»Dort, wo die sieben Berge am Rheinesstrande stehn«) geschrieben hat. Am Ausgang des Nachtigallentales geht man links und dann über die Kreuzung geradeaus in den Hohlweg; den Kutschweg überqueren und geradeaus dem Weg mit der Markie-

»Mir rigge met dem Äsel op de Drachenfels ...«

rung RV (Rheinhöhenverbindungsweg) folgen, vorbei an der Gaststätte Milchhäuschen (Einkehr) und dem Nasseplatz, einem nach dem Oberpräsidenten der Rheinprovinz von Nasse benannten ehemaligen Trachytsteinbruch, zur Margarethenhöhe. Auf der Höhe überquert man die Landstraße und folgt der Beschilderung zum Ölberg (460 m). Der Name der höchsten Erhebung des Siebengebirges geht auf eine Landschaftsbezeichnung (Auelgau und -berg) zurück. Nach einer gemütlichen Pause geht es abwärts zum Einkehrhäuschen, weiter bergabwärts in Richtung Königswinter. An der Petersbergauffahrt trifft der Weg auf die Landstraße, diese führt auf der linken Seite bergabwärts, vorbei am Gut Wintermühlenhof, 1402 urkundlich erwähnt und heute im Besitz der Familie Mühlens (Kölnisch Wasser »4711«). Unterhalb des Hofes die Straße überqueren und dem Kutschweg bis zur Winzerstraße folgen. Der Wanderweg hat eine Länge von ca. 14 Kilometern, die Gehzeit beträgt mit dem steilen Aufstieg zum Ölberg etwa vier Stunden.

Und dann zeigt da noch das Sealife Aquarium in Königswinter in über 30 naturgetreu gestalteten Becken eine faszinierende Vielfalt der heimischen Unterwasserwelt und der Meere. In den 800 000 Litern Süß- und Salzwasser dreht sich alles um geheimnisvolle Legenden, versunkene Schätze und die Nibelungensage.

Die Drachenburg – das Neuschwanstein am Rhein

40 Wie man mit einem Pferd nach Aegidienberg kommt

Abendbrot mit Sonnenuntergang

Es ist noch früh am Morgen, auf dem Flur des Reiterhofs ist noch nichts von dem geschäftigen Treiben zu hören, und die Holzläden zum Hof sind noch geschlossen.

Doch schon bald sitzt man beim guten Frühstück mit Rührei und Schinken, die Pakete mit Broten liegen bereit. Dann geht es in den Stall, die Pferde werden gestriegelt, noch mal getränkt und gefüttert, dann muss das Sattelzeug aufgelegt und gut festgeschnallt werden.

Morgenstimmung über dem Siebengebirge

■ **Information:** Gangpferdezentrum Aegidienberg, Peter-Staffel-Str. 13, Tel.: 02224/896 37, oder Reitsportzentrum Laagshof Ittenbach, Logebachstraße, Tel.: 02223/29 69 57,
Stadtinformation Bad Honnef und Tourist-Info,
Rathausplatz 2–4, 53604 Bad Honnef, Tel.: 02224/988 27 46, Fax: 988 37 75, info@stadtinfo-badhonnef.de.
■ **Verkehrsanbindung:** A3, Ausfahrt 34 Bad Honnef/Linz; StraßenbahnLinie 66 (Bonn–Bad Honnef); Buslinien 560, 562.

Zum Laubwald hinter dem Hof sind es nur ein paar Pferdeschritte, und schon umfängt die Reitgruppe ein Meer von alten Baumriesen, von denen es im Nebel unablässig tropft. Das stört die Reiter wenig, Helm und Wachsjacke halten das ab. Bald ist der Steinbruch erreicht, Hütten und Bänke liegen leer, von ferne tutet ein Signalhorn der Rheinfähre im Tal. Langsam steigt der Nebel empor, um der Sonne zu weichen.

Gut behelmt im Pferdesattel

Der Weg führt vorbei an mancher Einkehrstätte im Gebirge, Gasthäusern, meist nur zu Fuß zu erreichen. Die deftige Küche riecht gut. Die Wirtin erzählt vom nahen Winter, dem Rodelhang auf der Obstwiese. Weiter geht der Ritt in die Richtung der Frühmesseiche, zwei Biker radeln vorbei. Langsam hat die Sonne die letzten Nebelfetzen verzehrt und erhellt den bunten Laubwald. Der Weg schlängelt sich jetzt zu einem interessanten Bau: am Forsthaus Servatiushof liegt die Servatiuskapelle. Sie sei, so erzählt die Sage, von einer Jungfrau von der Löwenburg gegründet worden, da sie bei einem Unwetter an der Stelle unter Bäumen Schutz gefunden hatte.

Nach einer erholsamen langen Ruhepause geht der Ritt langsam zurück zum Reithof, wo ein deftiges Abendessen mit vergnüglichem Abschluss alle jungen Reiter lockt. Durch das Fenster sieht man die Sonne versinken, ein Untergang der Licht- und Wärmespenderin im Siebengebirge, wie er schöner nicht sein kann.

Erste Reitversuche

41 Rheininseln Grafenwerth mit Aalschokker

Reizvolles »rheinisches Nizza«

Von den Höhen des Siebengebirges durch das verträumte Städtchen geht es hinunter zu den Inseln im alten Strom: Grafenwerth, ein besonderes Schmuckstück der Stadt.

Gegenüber liegt die »Schwester« Nonnenwerth. Während hier ein Kloster steht, das ein privates Gymnasium beherbergt, ist Grafenwerth über Brücken frei zugänglich. Das kleine Inselcafé lädt zum Verweilen ein, wenn man genug hat vom Schwimmen im Freibad.

Vorher aber muss man sich noch den alten Aalschokker »Aranka«, im Altrheinarm vor Anker liegend, ansehen und über die sanft abfallenden Kiesbänke ein wenig spazieren gehen. Geht ja nicht immer, wenn zum Beispiel der Rhein Hochwasser hat. Aalfischerei galt seit Generationen in der Region als einträglicher Wirtschaftszweig, der bis zu 100 Aalfischerboote umfasste, auch in Bad Honnef. Hier gab es noch einen Fischer namens Willi Jansen, der sein Boot bis 1988 be-

Tipp

Rhein in Flammen: mit Insel- und Familienfest auf der Rheininsel Grafenwerth sowie Kinderprogramm und Kinderflohmarkt, Karussells, Schießbuden, Ponyreiten. Abends wird das Rheinufer zwischen Rheinbreitbach und Königswinter bengalisch beleuchtet: Ein Höhenfeuerwerk wird auf der Insel Grafenwerth von der gegenüberliegenden Insel Nonnenwerth abgeschlossen.

■ **Information:** Stadt- und Touristikinformation Bad Honnef und Tourist-Info, Rathausplatz 2–4, 53604 Bad Honnef, Tel.: 02224/988 27 46, Fax: 988 37 75, www.stadtinfo-badhonnef.de; E-Mail: Info@stadtinfo-badhonnef.de.
■ **Einkehr:** Viele Einkehrmöglichkeiten in Bad Honnef.
■ **Verkehrsanbindung:** A3, Ausfahrt 34 Bad Honnef/Linz; Straßenbahn Linie 66 (Bonn–Bad Honnef); Buslinien 560, 562.

trieb. Danach setzten sich engagierte Bürger der Stadt für den Verbleib des Bootes im Altrheinarm ein. Der Aalschokker wurde mit Spenden instand gesetzt und als Wahrzeichen für den Inselbereich fest vor Anker gelegt. Eine Schautafel an der Brücke erzählt alle wissenswerten Daten.

Und täglich landen die flotten Rheindampfer, um Gäste herauszulassen; sie werden von Ginkgo und Gleditschie, den ersten Baum-Exoten, majestätisch begrüßt.

Der Aalschokker »Aranka«

Abenteuer drinnen

42 Kultur für Kids in der »Wundertüte«

Theater – Puppenbühne – Musical

»Schäkspier«-(Shakespeare)-Festival für die Erwachsenen, »Wundertüte« für die Kids: ein hautnaher Kontakt zum Theater.

Spaß und Staunen

Was den Erwachsenen die großen Opernhäuser und das »Schäkspier«-(Shakespeare)-Festival im »Globe« Neuss sind, das ist den Kids in der Stadt seit vielen Jahren die »Wundertüte«: Ein hautnaher Kontakt zum Theater. Keine weihevolle Kunstbetrachtung in respektvollem Abstand, sondern Kunst zum Staunen und Nachma-

■ **Information:** »Wundertüte« Kindertheater-Reihe im Kulturkeller, Oberstraße 17, 41460 Neuss, Tel.: 02131/90 41 10 und -41 12, www.neuss-kultur.de, Rheinisches Landestheater, Oberstr. 95, 41460 Neuss, Tel.: 02131/26 99 33, Tourist Information Neuss, Büchel 6, 41460 Neuss, Tel.: 02131/403 77 95.
■ **Öffnungszeiten:** Vorstellungen siehe Aushänge, Zeitungen und Faltblätter.
■ **Kosten:** »Wundertüte« 3,20–4,30 €, Abo 24 € (freie Platzwahl).
Rheinisches Landestheater 6,60 €, je nach Aufführung.
■ **Einkehr:** Getränkeverkauf im Landestheater, nicht in der »Wundertüte«.
■ **Verkehrsanbindung:** DB: Hbf Neuss und weiter mit Linie 709.
»Wundertüte«: Straßenbahn vom Hbf bis Haltestelle »Oberstraße«; mehrere Stadtbuslinien (828 / 841 / 842 / 849 / 851 / 852 / 854 / 858 / 864 / 869 / 870 / 872 / 873 / 874 / 875 / 877) oder zum Landestheater vom Hbf ca.15 min. zu Fuß.
PKW über A46 (bis Autobahnende), A52 (Ausfahrt Neuss) und A57 bis Ausfahrt Neuss/Hafen, dann weiter Richtung Zentrum.
■ **Parken:** Öffentliche Parkplätze im Parkhaus Tranktor. Das Parkhaus liegt direkt neben dem Theater und ist durchgehend geöffnet.

Wintertipp

Skihalle »Allrounder Winter World«

300 m lang und 60 m breit ist diese größte Indoor-Wintersport-Region Europas mit echtem Pulverschnee. Zwei Schlepplifte und ein Vierersessellift führen zur »Bergstation« auf 110 m Höhe. Ski- und Snowboard-Kurse, Verleihstation.
An der Skihalle 1, 41472 Neuss, Tel.: 02131/12 44-0, www.allrounder.de, info@allrounder.de; täglich 9–23 Uhr; Skipass Mo.–Fr. 29,90, Sa./So., Fei. 34,90 €, Kinder 6–17 J., Mo.–Fr. 21,90, Sa./So., Fei. 26,90 €

chen. Um wie viel packender, an- und aufregender, mit einem Wort: das unmittelbare, eben hautnahe Erlebnis! Kein pädagogisch erhobener Zeigefinger, sondern freie Ermunterung durch Spaß an Kultur. Und das geht nur auf hohem Niveau, denn für Kids ist das Beste gerade gut genug. Alle diese tollen Vorsätze hat die Stadt Neuss seit über 20 Jahren verwirklicht.

Die Kindertheater-Reihe wird von Horst Bischof, Kulturamt und Jugendamt veranstaltet. Die »Wundertüte« lädt Kids von 4–8 Jahren mit ihren Eltern sonntags in den Kulturkeller ein. Hierhin kommen Theaterleute, Zauberer, Marionetten- und Puppenspieler mit Geschichten zum Staunen und Mitspielen. Für ein paar Euro gibt es Spaß und Spannung, Abenteuer und Vergnügen: vom »Rumpelstilzchen« bis zum »Kasper ahoi«, da ist der Bär los, und der Frosch ist verliebt. Auch das klassische Kasperltheater fehlt nicht und erzählt die spannende Geschichte von den drei Wünschen.

In der Kindertheater-Reihe *Kultur für Kinder* bieten das Rheinische Landestheater und das Kulturamt Neuss im Rheinischen Landestheater spannende Schauspiele für Kids ab 6 Jahren an, z. B. solche Klassiker wie *Pinocchio* oder *Der Zauberlehrling*. Märchen aus aller Welt gehören ebenso zum Programm, wie von den Brüdern Grimm das »Märchen von einem, der auszog, das Fürchten zu lernen«.

Nun aber nichts wie hin und Karten bestellt, es ist unglaublich spannend, was da über die Bretter der Bühnen rollt.

Die »Verrückten Hühner«

113

43 Löbbecke-Museum und Aquazoo

Das lebendige Museum in Düsseldorf

Schon im 19. Jahrhundert baute der Apotheker und Privatgelehrte Theodor Löbbecke sein Privatmuseum auf. In einem Luftschutzhochbunker entstand das Museum nach dem Zweiten Weltkrieg mit einem Aquarium neu.

In vielen Schauräumen werden von A–Z viele Themenbereiche geboten: Lebensuhr der Erdgeschichte, der blaue Planet, vom Einzeller zum Säugetier, Lebensraum Korallenriff, Körperbau und Nahrung, tropische Ufer, Tropenhalle, Menschheitsgeschichte, Lebensraum Wüste, Tarnung und Warnung und noch weitere.

Hier kann man eintauchen in eine wahre Wunderwelt bizarrer Lebewesen aus Meeren, Sümpfen und Savannen. Da turnen hinter den Glasscheiben farbenprächtige Pfeilgiftfrösche herum, liegen träge im Halbdunkel die eleganten Riesenschlangen, und skurrile Fische kommen

■ **Information:** Löbbecke-Museum + Aquazoo, Kaiserswerther Str. 380 (im Nordpark), 40200 Düsseldorf, Tel.: 0211/899 61 50, Fax: 899 44 93.
■ **Öffnungszeiten:** Täglich 10–18 Uhr (geschl. 1.1., Rosenmontag, 1.5., 24., 25., 31. 12).
■ **Kosten:** Erwachsene 6 €, Kids/Jugendliche bis 18 J., Schüler, Studenten in Gruppen ab 10 P. 4 €, Kids u. 6 J. freier Eintritt, Familien 12 €.
■ **Einkehr:** Cafe-Restaurant Nordpark.
■ **Verkehrsanbindung:** PKW: Ab Duisburg B8; ab Essen A52-A44 oder A52-B1; ab Köln/Wuppertal A3-A46-B1; ab Köln/Krefeld/Neuss A57-A52-B7; Ausschilderung Messe/Stadion folgen, im Nahbereich der Ausschilderung »Löbbecke Museum« + »Aquazoo«
DB ab Hbf mit U78, U79; Straßenbahn Haltestelle Nordpark/Aquazoo – U78, U79 ab Hbf; U79 ab Duisburg.
■ **Parken:** Am Nordpark und Kaiserswerther Straße.

Hier kann man Tiere wirklich hautnah erleben!

Flossen wedelnd bis ans Glas. Man kann Robben und Pinguine in ihrem nassen Element beobachten. Und manchmal klappt auch ein Krokodil oder ein kleinerer Kaiman seine mit spitzen Reißzähnen bewehrten Kiefer auseinander. Aber der gähnt nur – weil es ihm langweilig ist, denn die Menschen stehen alle sicher hinter dickem Panzerglas.

Tipp

Spannende galaktische Abenteuer bieten das »Stellarium Erkrath« in der Sedentaler Straße 105, Erkrath-Hochdahl, und die »Sternwarte Neanderhöhe«, Sternwartenweg 1, Erkrath-Willbeck.

Natürlich gehört zu diesem Museum eine naturwissenschaftliche Bibliothek vom frühen 17. Jahrhundert bis heute. Eine Fundgrube also für junge Biologen und Naturforscher.

Unterrichtsstunde vorm Aquarium

44 Besuch im Museum Kunstpalast

»Kunstachse« mit Kunstakademie, Kunsthalle, Museum Kunstpalast

Heute reitet Jan Wellem vor dem Rathaus, damals, als Kurfürst von Pfalz-Neuburg, begründete er mit seiner Frau, die aus der Toskana kam, die erste kulturelle Blütezeit Düsseldorfs. Später gingen bedeutende künstlerische Ideen von der Kunstakademie in Düsseldorf aus, die immerhin schon 1773 entstand.

Da waren die Studenten doch einmal recht aufmüpfig zum Beginn des 19. Jahrhunderts unter Wilhelm von Schadow oder zuletzt noch unter Beuys als Akademiedirektor. Berühmte Professoren lehrten und lehren heute: Immendorff, Penck, Lüpertz gaben und geben ihren Schülern ungewöhnliche Antriebe.

■ **Information:** Düsseldorf Tourismus, Hbf Immermannstr. 65 b, 40213 Düsseldorf, Tel.: 0211/172 02-844, oder Altstadt Marktstr./Rheinstr., Tel.: 0211/172 02-840, www.duesseldorf-tourismus.de; info@duesseldorf-tourismus.de.
■ **Öffnungszeiten:** K20 Kunstsammlung, Grabbeplatz, Di.–Fr. 10–18 Uhr, Sa./So. 11–18 Uhr,
Staatl. Kunstakademie, Ständehaus, Di.–Fr. 10–18, Sa./So. 11–18 Uhr,
Kunsthalle Düsseldorf, Grabbeplatz, Di.–So. 11–18 Uhr,
Kunstverein f. d. Rheinlande u. Westfalen, Grabbeplatz, Di.–So. 11–18 Uhr.
■ **Kosten:** Erw. ab 6,50 €, Schüler/Stud. 4,50 €, Familienkarte 15 €.
■ **Einkehr:** Cafeterias i. d. Museen.
■ **Verkehrsanbindung:** PKW: Ab Duisburg B8; ab Essen A52-A44 oder A52-B1; ab Köln/Wuppertal A3-A46-B1; ab Köln/Krefeld/Neuss A57-A52-B7; Ausschilderung Zentrum folgen, im Nahbereich der Ausschilderung Oper. DB ab Hbf mit allen U-Bahnen; Straßenbahn-Haltestelle Heinrich-Heine-Allee.
■ **Parken:** Parkhinweise beachten.

1960 erwarb die Landes-regierung von Nordrhein-Westfalen eine Sammlung von 88 Werken des Malers Paul Klee, sie ist heute die größte Ausstellung mit diesen eindringlichen Bildern.

Das wäre ein Anreiz, bei trüben Regentagen einmal die sehr farbfrohen Gemälde anzuschauen. Da ist es nämlich wie in einem richtigen Lexikon der modernen Kunst: Vom Impressionismus bis zur Pop-Art sind an der »Kunstachse« alle neueren Kunstrichtungen vertreten. Da hört man Ausdrücke wie Fauvismus oder Expressionismus, da sieht man den »Blauen Reiter« oder die »pittura metafisica«. Übrigens, das Ofenrohr an der Kunsthalle ist nicht ein Rauchabzug für die Heizung, sondern Teil einer Installation von Joseph Beuys; er wollte die Verbindung von Kunst und Außenwelt symbolisieren. Also, auf- und erspüren, was uns die Künstler sagen wollen! In vielen Museen, von denen sich einige zum Teil als »Kunstachse Düsseldorf« auf kaum 800 Metern gegenüberstehen, kann man die aufregenden Gegensätze der künstlerischen Strömungen erleben.

Vom »Wimmelbuch« zur ersten künstlerischen Tat

Im Kreis der Experten

»Brainstorming«

45 Theater für Kids

Puppen- und Marionettentheater, Kindertheater zum Mitspielen

Kein Menschentheater im Kleinen, sondern ein Figurentheater mit ausgeklügelter Spieltechnik, mit Tischmarionetten, Schatten- und Flachfiguren, Masken und schwarzem Theater.

In der Kristallgrotte in der »Zauberflöte«

Im kleinen Theateratelier »Takelgarn« (60 Zuschauer) wird an den Wochenenden Kindertheater gespielt: *Dreimal schwarzer Kater* oder *Urmel aus dem Eis*. Da das Programm ständig wechselt und im Jahr etwa 25 verschiedene Gruppen auftreten, sei der Blick in den Spielplan empfohlen.

Das Düsseldorfer Marionetten-Theater befindet sich im prächtigen Palais Wittgenstein an der Bilker Straße in der Alt-

■ **Information:** Theateratelier Takelgarn, Philipp-Reis-Str. 10, 40215 Düsseldorf, Tel.: 0211/3 29 93, Fax: 33 06 99; info@takelgarn.de, Düsseldorfer Marionetten-Theater, Bilker Straße 7, 40213 Düsseldorf, Tel.: 0211/32 84 32, Fax: 12 36 80 (Theaterkasse Di.–Sa. 13–18 Uhr), Kids- und Jugendtheater, Münsterstraße 446, Tel.: 0211/61 26 86.
■ **Öffnungszeiten:** Takelgarn: für Kids Sa. 16 Uhr, So. 15 Uhr, Marionettentheater: Mi.–Sa. 20 Uhr, Sa. auch 15 Uhr.
■ **Kosten:** Takelgarn: Erwachsene 7 €, Kids 6 € (Kinderprogramm). Marionettentheater: Erwachsene ab 13 €, Kids 9 € auf allen Plätzen.
■ **Einkehr:** Kleine und große Einkehrmöglichkeiten in der Altstadt.
■ **Verkehrsanbindung:** PKW: Ab Duisburg B8; ab Essen A52-A44 oder A52-B1; ab Köln/Wuppertal A3-A46-B1; ab Köln/Krefeld/Neuss A57-A52-B7; Ausschilderung Zentrum folgen.
DB ab Hbf mit U-Bahn oder Straßenbahn.
■ **Parken:** Parkhaus am Karlplatz oder Philipp-Reis-Straße.

stadt. Es hat sich der Aufgabe verschrieben, zwar für Erwachsene niveauvolles Marionettentheater zu gestalten, das aber auch ältere Kids anspricht. Das Programm umfasst fantastische Literatur, Kunstmärchen, Fabeln und Musiktheater. Mit höchster künstlerischer Qualität und aufwendiger Technik wird zeitgemäßes Puppenspiel gezeigt wie *Jim Knopf* oder *Die Zauberflöte*.

So begann es: Oktober 1979 hatte Helge Neuber die Idee, mit Jugendlichen ein Stück mit seinem Marionettentheater aufzuführen: TAKELGARN war geboren. Auf See werden mit dem Garn Segel genäht und – Marionetten aufgehängt. 20 Spieler spielten in mehreren Stücken. Bis 1990 tingelte das Ensemble mit 13 Produktionen mit 180 Puppen durchs Land, Höhepunkt »Hänsel und Gretel« von Engelbert Humperdinck (1988 Preis der Stadt Bochum für Amateurfigurentheater).

Tipp
Wie wäre es, einmal die 400 Jahre alte Theatergeschichte am Beispiel von Düsseldorf kennenzulernen? Im Theatermuseum im Hofgärtnerhaus, Jägerhofstr. 1, kann man das: Tel.: 0211/899-46 60

Wer kennt die drei nicht: Jim Knopf, Lukas, der Lokomotivführer und Emma

46 LVR-Industriemuseum, Textilfabrik Cromford

Die erste Fabrik

Hier kann man eine sehr interessante Bauweise der Fabrikanlagen und des Wohnhauses eines Unternehmers kennen lernen.

Spielend lernen im Textilmuseum

Auf den Fundamenten eines ehemaligen Mühlengebäudes nahm der Unternehmer Johann Gottfried Brügelmann 1783/84 die Herstellung von Baumwollgarn auf, und zwar so erfolgreich, dass schon drei Jahre später mit dem Bau eines eindrucksvollen Wohn- und Geschäftshauses samt einer Parkanlage begonnen werden konnte.

Das Herrenhaus Cromford, ein sehr beliebter Bautyp des adligen Lustschlosses, zeigt den Stil der Hochbarockzeit. Innen sind neben dem Wohnbereich und dem Festsaal auch Büroräume, die man früher »Kontor« nannte. Sie waren

■ **Information:** LVR-Industriemuseum Textilfabrik Cromford, Cromforder Allee 24, 40878 Ratingen, Tel.: 01805/992 15 55 (Führungen), Internet: www.industriemuseum.lvr.de.

■ **Öffnungszeiten:** Di.–Fr. 10–17 Uhr, Sa./So. 11–18 Uhr.

■ **Kosten:** Erwachsene 4€, Kinder 3 €, Ermäßigung für Schüler im Klassenverband.

■ **Verkehrsanbindung:**
Bahn und Bus vom S-Bahnhof Ratingen Ost mit Buslinie 753 bis Haltestelle »Blauer See«, Sa./So. 753 bis Blauer See, dann Fußweg 5 min (Ausschilderung).

■ **Parken:** Parkplätze am Museum.

die Schaltzentrale eines Unternehmens. Familie Brügelmann besaß hier eine typische Fabrikantenvilla, wie sie zu jeder Fabrikanlage gehörte.

Die Fabrik selber wurde erst erweitert, als das Herrenhaus fertiggestellt wurde. Sogar ein »Hofbaumeister« (aus Düsseldorf) errichtete 1795 nach englischen Vorbildern die fünfstöckige »Hohe Fabrik«. Fünf Jahre später kamen dazu der Kontoranbau und die Arbeiterwohnungen; es sind die frühesten Unterkünfte dieser Art in Deutschland.

Die Fabrik wurde 1977 stillgelegt, aber als Denkmal erhalten.

Warum wurde der Unternehmer so erfolgreich? Ihm gelang eine Sensation: Er hatte das in England streng gehütete Fabrikgeheimnis der Baumwollverarbeitung lüften können und gründete daraufhin eine »Spinnerei auf englische Art«. Den Namen erhielt die Anlage nach dem Vorbild der Cromford Mill, einer Spinnerei in der Nähe von Manchester in England. Noch wurden die Maschinen zunächst von einem mächtigen Wasserrad angetrieben. Hier erlebt man die Arbeitsbedingungen der Männer, Frauen, ja der Kids in den Spinnsälen, die Kinderarbeit, die Fabrikschule, den Arbeitsschutz und die Lebensbedingungen der Arbeiter.

Als Theaterspiel: Der erfolgreiche Unternehmer

47 Schloss Burg

Moderne Burgeroberung mit einer Seilbahn

Hier, in dieser idyllischen Stadt mit alten bergischen Fachwerkhäusern, scheint die Zeit stehen geblieben zu sein. Über den Häusern ragt die mächtige Hochburg auf, deren imposanter Palast unter der Herrschaft der Grafen von Berg entstanden ist.

■ **Information:** Schloss Burg an der Wupper, Schlossplatz 1, 42659 Solingen, Tel.: 0212/24 22-60; www.schlossburg.de.

■ **Öffnungszeiten:** März–Nov.: täglich 10–18 Uhr, Mo. 13–18 Uhr; 1. Nov.–14. März Di.–Fr. 10–16, Sa./So. 10–17 Uhr, Mo. geschlossen.

■ **Kosten:** Erwachsene 5 €, Kids 2,50 €.

■ **Einkehr:** Zahlreiche Einkehrmöglichkeiten bei der Burg.

■ **Verkehrsanbindung:** A1 Leverkusen–Dortmund, Abfahrt Schloss Burg/Wermelskirchen, Busverbindungen von Solingen und Remscheid.

■ **Parken:** Parkplätze unterhalb der Burg in Unterburg und in Oberburg neben Schloss Burg.

Von ihrem Stammsitz aus herrschten sie fast 250 Jahre lang über ihr Bergisches Land zwischen Ruhr und Sieg. Nach 1218 wurde die Burg unter der Herrschaft Graf Engelberts II. zu einer der größten Befestigungsanlagen Westdeutschlands ausgebaut. Das Schloss wurde aber gegen Ende des Dreißigjährigen Krieges schon wieder weitgehend zerstört und um 1700 teilweise wieder instand gesetzt, aber seit etwa 1850 ist die Hofburg nur noch eine Ruine. 1887 wurde ein Schlossbauverein gegründet, und 1914 ragten die Wehrtürme schon wieder stolz aus den bewaldeten Hügeln.

Entweder man steigt in die Seilbahn und lässt sich gemütlich hochschaukeln, oder man muss wie die Angreifer im Mittelalter die Mauern überwinden, die die Burganlage umgeben. Man spürt wirklich, wie hier einmal alles für die Verteidigung bereitstand: Pfeile, Steine, Geschosse und flüssiger Teer. Vom Eingang an der Kasse ab kann man die Burg allein erobern oder bei einer Führung spannende Geschichten hören.

Die historischen Räume, Kemenate und Ahnengalerie, der prunkvolle Rittersaal, Schlosskapelle und Bergfried lassen die damalige Bedeutung dieser Festung erahnen. Über eine Wendeltreppe gelangt man ins Hochgeschoss mit Waffen, Mö-

Uralte Burgsäle und geheimnisvolle Gänge – Schloss Burg

beln und einer kompletten alten Küche. Dazu zeigen eindrucksvolle Wandgemälde die wichtigsten Ereignisse in der langen Geschichte der Burg und beflügeln die Fantasie der jungen und alten Besucher. Reichhaltige Sammlungen von Gewändern, Möbeln, Schmuck und Hausrat geben Eindrücke vom höfischen Leben, von Jagd, Kampf, Kerkerhaft und rauschenden Festen. Waffen, vor allem von den Solinger Klingenschmieden, zeugen von den Fehden. Über die Wehrgänge kommt man zum »heymlich Gemach«. Na, und wie die Burgherren damals aufs Klo gingen, das erfährt man dort auch – verglichen mit heute nicht gerade angenehm.

Spannend wird es wieder auf dem Bergfried, der höchsten Stelle der Burganlage und letztem Zufluchtsort bei Belagerungen. Ganz unten ist das Verlies für die Gefangenen, und ganz oben ist ein Ausblick über die Wupper, Wälder und Berge. Hier hielt man Ausschau, ob Freund oder Feind nahte.

Mit einem Sessellift geht es dann zurück in die Ortschaft Unterburg oder zu den Parkplätzen (direkt an der Burg).

Tipp
Ein schöner und steigungsfreier Weg entlang der Wupper verbindet Burg und Brückenpark Müngsten, er ist gut geeignet für Familien mit Kindern.

Ritterspiele

48 Dicke Mauern, Türme, Wassergraben – Burg Hülchrath

Der Schlupfwinkel des abgesetzten Kurfürsten

An der Burg Hülchrath, in der Niederung des Gillbachs gelegen, sind die Ursprünge der Burg aus einer Motte heraus deutlich erkennbar.

■ Information:
Schloss Hülchrath,
Am Zolltor, 41516 Greven-
broich-Hülchrath,
Tel.: 02182/82 44 48,
Fax: 886 98 69; E-Mail:
info@schlosshuelchrath.com;
Stadt Grevenbroich, Am
Markt 1, 41515 Grevenbroich,
Tel.: 02181/608-0,
Fax: 608-2 12; E-Mail:
presseamt@grevenbroich.de.
■ Parken: Parkmöglichkeiten
am Schloss.

Wenngleich die Frühzeit ihrer Entstehungsgeschichte in Dunkel gehüllt ist, weiß man, dass die Burg 1120 bei den Grafen von Hülchrath als *castellum* erwähnt wird. Knapp hundert Jahre später erwarb das Kölner Domkapitel die Anlage, und Erzbischof Friedrich von Saarwerden baute sie später zu einer starken Festung aus. Diese mächtige Burg wurde zum Vorposten gegen den Herzog von Jülich.

Eine besonders spannende Geschichte: 1583 wurde die Burg für Gebhard Truchsess von Waldburg und seine Frau Agnes von Mansfeld zum Schlupfwinkel. Gebhard, Erzbischof und Kurfürst von Köln, sollte seine Geliebte Agnes heiraten. Die Brüder der Dame hatten ihm die Degenspitzen auf die Brust gesetzt und keine Wahl gelassen. Agnes, fröhliche Chordame zu Gerresheim, wollte Höheres: »Von Gottes Gnad' ich bin – zu Köln die Bischöfin.« Dann aber zerschossen auf Befehl des deutschen Kaisers die Geschütze die Mauern des zum Protestantismus übergetretenen Bischofs. Und weil eine starke Burg auch geheime Ausgänge hat, konnten Gebhard und seine anmaßende Schöne vor den mit 100 000 Gulden aus Rom bezahlten Truppen flüchten.

In dem Gemäuer gab es – eben wie in jeder richtigen Burg – auch Verliese, wo neben Räubern und Dieben dreizehn Frauen schmachteten, die

1629 als Hexen auf dem Scheiterhaufen verbrannt wurden. Der sogenannte »Hexenturm« erinnert an diese schauerliche Zeit. Der Torturm
zeigt als Konsolsteine jüdische Grabsteine. Schließlich und endlich schleif-
ten Feinde die Befestigungswerke im Jahr 1688. Vom Bauwerk des
14. Jahrhunderts sind deutlich die Ringmauer und ihre vier runden Halb-
türme erkennbar, Reste des Palas und der fünfgeschossige viereckige Torturm. Noch einmal wurde die Burg 1910 in romantisierenden Formen um-
und ausgebaut.

Über eine Brücke, die den Schlossgraben überquert, erreicht man die im
17. Jahrhundert stark umgestaltete Vorburg. Heute besteht sie aus drei
spitzwinklig aneinanderstoßenden Bauten mit Ecktürmen.

Burg Hülchrath wird privat bewohnt. Im Schlosspark ist ein wertvoller
Baumbestand zu finden, sogar Relikte von Laubengängen aus Hainbuchen; dazu ein Grabensystem.

Ob Kurfürst Gebhard hier auch gebadet hat?　*Und Agnes hier lustwandelte?*

49 Grottenhertener Windmühle

Mühle–Müller–Mahlen–Mehl

Sie ist ebenso Zeichen eines längst vergangenen Handwerks als auch Wahrzeichen des Doppelortes Kirch-Grottenherten in der Jülicher Börde.

■ **Information:** Grottenhertener Mühle, Mühlen-
straße, 50181 Bedburg-
Kirchherten-Grottenherten,
Tel.: 02463/33 16 oder 70 40
und unter www.windmuehle-
grottenherten.de.

■ **Öffnungszeiten:** Besichtigung nur nach Vereinbarung.

■ **Verkehrsanbindung:** AB
61, Abfahrt Bedburg, dann
rechts Ri. Kirchherten, am Ort
Pütz vorbei, in Kirchherten
geradeaus bis Pützer Straße,
nach 60 m Abbiegung links:
St.-Martinus-Straße, nächste
Abbiegung links: Zaunstraße,
nach 100 m rechts: Breite
Straße bis zur Abbiegung
Mühlenstraße.

Der Müller am Mahlkasten

Die immer noch voll funktionsfähige Turmwindmühle mit drehbarer Haube kann man auf
Voranmeldung und bei Veranstaltungen unter
sachkundiger Führung besichtigen. Sie ist inzwischen ein technisches Museum geworden.
Aber die Windmühlenflügel drehen sich immer
noch, genauso wie die Mühlsteine. Es handelt
sich um eine Turmwindmühle von 1831, die von
Anton Iven erbaut wurde und dem Besucher
die harten Arbeitsbedingungen des Müllers in
früheren Zeiten zeigt. Damals kaufte der Besitzer mehrere Gehöfte, brach sie nieder und errichtete seinen Gutshof mitsamt der Mühle. Aus
der Mitte des 19. Jahrhunderts ist überliefert,
dass die Mühle mit den angrenzenden Wohn-
gebäuden als »Wohnplatz« für acht Personen
diente.

Die Mühle wurde nach holländischem Vorbild
(Durchfahrtholländer) erbaut und war noch bis
1964 unter dem Müllermeister Josef Bickendorf
für die umliegenden Bauern in Betrieb. Besonders gut zu sehen ist der rückseitige Mechanis-
mus, mit dessen Hilfe die Turmkappen mit dem
Flügelkreuz in den Wind gedreht werden mussten. Die Segelgatterflügel haben einen Durchmesser von 25 Metern und werden zum Mahlen
entsprechend der Windstärke mehr oder weni-

Die Flügel der Grottenhertener Mühle haben einen Durchmesser von 25 Metern.

ger mit einem Segel bespannt. Die Haube und damit die Flügel werden mit dem Krühwerk und dem Stertbalken von Hand in den Wind gedreht. Wenn dieser gut steht, wird zur Demonstration oder sogar noch für Futterzwecke gemahlen. Innen befinden sich zwei komplette Mahlgänge und einige zusätzliche Maschinen zur Verarbeitung des Mahlgutes. Wenn früher die Bauern das Getreide brachten, konnten sie durch die Tore auf beiden Seiten des Mühlenhügels mit den Wagen ein- und ausfahren.

Die bei der Mühle stehende Fachwerkscheune wurde 1881 vom damaligen Grottenhertener Müller in der Eifel gekauft, dort abgebrochen und hier wieder aufgebaut.

50 Automobilmuseum Rosengart

Mal so ein richtiger Oldtimer-Kapitän sein …

… ein Wunschtraum vieler Jungen und inzwischen auch mancher Mädchen. Noch müssen sie aber warten, die zukünftigen Kapitäne der Landstraße, bis das Alter für den großen PKW-Führerschein reicht.

■ **Information:** Rosengart-Museum, Lucien-Rosengart-Weg 1, 50181 Bedburg-Rath, Tel.:02183/7315, Fax: 81946.
■ **Öffnungszeiten:** Sa./So. und nach Vereinbarung von 11–19 Uhr.

Hier kann man Oldtimer …

Aber ein Automobilmuseum anschauen, vor allem mit diesen technisch hoch interessanten Fahrzeugen aus den Jahren 1918–1955, mal auf den Sitz klettern und so ein Lenkrad umfassen – das geht schon! Oldtimer zum

Anfassen – und vielleicht kann man ja auch ein wenig zusehen, wenn so ein Veteran der Automobile wieder auf Hochglanz gebracht wird.

Bei den Exponaten des Rosengart-Museums handelt es sich um Automobile des Unternehmers Rosengart, der erst vor 25 Jahren gestorben ist. Im Jahr 1919 beschäftigte er bereits 4500 Angestellte in seiner eigenen Firma, die zunächst Zubehörteile für Automobilunternehmen fertigte. Lucien Rosengart war ein begabter Erfinder und half sogar den Herstellern Citroën und Peugeot bei der Entwicklung von Automobilen.

Seine Automobile sollten sich durch Tauglichkeit im Alltag auszeichnen und auch Bequemlichkeit aufweisen, vor allem Sparsamkeit. Seine ersten Eigenproduktionen waren Lizenzbauten des legendären Austin Seven. Berühmt wurde der Typ, der als 5 CV gebaut und bekannt wurde. Rosengart bewies, wie tauglich sein Auto war: Mitte der 30er-Jahre fuhr ein Fahrer mit einem dieser Autos an 111 Tagen jeweils zweimal täglich die Strecke

... aller Klassen ...

... auch nur mit zwei Rädern ...

Lyon–Bourges–Dijon und wieder zurück. Diese Dauerfahrt von über 100 000 km ohne Probleme bewies die hohe Tüchtigkeit der Rosengart-Automobile. Diese und auch die weniger erfolgreichen Typen lassen sich im Rosengart-Museum besichtigen.

... und Farben bestaunen.

Tipp

Ein anderes Abenteuer, aber nur für nervenstarke Teilnehmer, wartet auf dem »Werwolfwanderweg«, der vom Unwesen des Werwolfs und von der Gerichtsrunde berichtet. Man geht am Agathator am Schloss Bedburg an der Infotafel los.

51 »On Museums-Tour«

Auf der Kulturmeile zu Papiermachern, Bauern und ab in die Schule

Museen, Archive und Sammlungen öffnen die Augen, machen alte Stadt- und Landesgeschichte sichtbar und manchmal sogar den Mund wässrig, wenn man einem alten Geheimnis so recht auf der Spur ist.

In der Paffrather Kalkmulde ist ein geologischer Wanderweg (zwei Stunden) angelegt: alte Steinbrüche, Kalköfen, Erzgruben bis hin zu Naturdenkmälern. Zu dem Wanderweg gehören die Städtische Fossiliensammlung – keineswegs uralte Bürgermeister oder noch ältere Stadtkämmerer, sondern noch viel, viel ältere Fundstücke aus dem frühen Erdaltertum.

■ **Information:** Stadt Bergisch Gladbach, Rathaus Konrad-Adenauer-Platz 1, Raum Nr. 7, 51465 Bergisch Gladbach, Tel.: 02202/14 24 19, Fax: 14 22 40, Städt. Fossiliensammlung mit geolog. Wanderweg, Konrad-Adenauer-Platz im Bürgerhaus Bergischer Löwe, 51465 B G, Tel.: 02202/14 24 86, Bergisches Museum, Burggraben 9–21, 51439 B G, Tel.: 02204/555 59, Papiermühle Alte Dombach, an der Kürtener Straße, 51465 B G, Tel.: 02234/99 21-5 55, www.industriemuseum.lvr.de, Bauernhausmuseum, Oberkülheim 8, 51429 B G, Tel.: 02207/63 50, Schulmuseum, Kempener Str. 187, 51467 B G, Tel.: 02202/842 47, www.das-schulmuseum.de.
■ **Öffnungszeiten:** Städt. Fossiliensammlung: Mo.–Fr. 10–16 Uhr, Sa. 9–13 Uhr, Bergisches Museum: Di.–Fr. 10-17, Sa./So. 11–18 Uhr, Papiermühle Alte Dombach: Di.–Fr. 10–17 Uhr, Sa./So. 11–18 Uhr, Bauernhausmuseum: täglich nach Voranmeldung (02207/63 50), Schulmuseum: Mo.–Fr. 10-13 Uhr, 1. So. i. Mon. 14–18 Uhr (in Ferien geschlossen).
■ **Kosten:** Städt. Fossiliensammlung im Bürgerhaus: Eintritt frei, Bergisches Museum: Erwachsene 2 €, Kids 1 €, Führung 25 €, Papiermühle Alte Dombach: Erwachsene 3 €, Kids 2,50 €, Bauernhausmuseum: Erwachsene 3,10 €, Kids bis 18 J. 1,60 €, Schulmuseum: Erwachsene 2 €, Kids 1 €, Führung/Schulstunde 25 €.
■ **Parken:** Parkmöglichkeiten an den Museen.

Alles, was da gesammelt ist, umspannt einen Zeitraum von mehr als 450 Millionen Jahren – uralt also! Der Hauptteil der Sammlung zeigt Fossilien wie Seelilien, Seesterne, Schnecken, Korallen, Muscheln – alle versteinert.

Im Ortsteil Bensberg ist das »Bergische Museum« im Türmchenhaus zu Hause, eine kleine Freilichtanlage mit zwölf historischen Bauten. Dazu sind Sammlungen aus dem Bergbau, Handwerk und Gewerbe ausgestellt. Oft werden die Werkstätten in Betrieb gesetzt. Besonders schön ist es, dass der Besucher ermutigt wird, bei manchem alten Handwerk selber tätig zu werden.

Ein eigenes Museum ist die Papiermühle Alte Dombach, eine Abteilung des Rheinischen Industriemuseums. Im Strundetal (s. u.) wird in dem Mühlengebäude mit Trockenhaus und Arbeiterwohnhäusern sowie Nebengebäuden die Papierherstellung gezeigt, die bis Ende des vorigen Jahrhunderts mit der Wasserkraft hier Papier aus Lumpen produzierte.

Papierschöpfen – ein Handwerk

Das Bauernhaus–Museum der Familie Clemens ist ein Hof mit vielen Nebengebäuden, dessen älteste Bauten ins 17. Jahrhundert zurückreichen. Die Anlage umfasst eine Remise, den Hofeingang, eine Hauskapelle, ein »Herzhäuschen«, ein Backhaus, eine Waschstube, einen Ziehbrunnen, ein Bienenhaus, einen Kräutergarten und das Wohnhaus mit vier Zimmern. Natürlich ist alles original eingerichtet, und viele, viele Gegenstände erinnern an die Zeit der früheren Landwirtschaft.

Nun aber ab in die Schule! Lehrer Lämpel hat die Glocke in der Hand und läutet zum Unterricht. Aber zuerst sitzt er am Harmonium, und ein Morgenlied erklingt. Dann heißt es »rechnen«, danach wandert der Zeigestock des Lehrers über die Tafel mit den alten Schriftzeichen. Das fällt schwer, aber Lehrer Lämpel im schwarzen Gehrock und auch der Herr Schulrat, der einmal sehen möchte, was die Kids alles schon können, sind doch recht zufrieden. Auch diese Schule ist natürlich ein Museum, aber das haben Sie sicher schon bemerkt.

52 Mönche und Gotik in Altenberg

Ehemalige Klosterkirche der Zisterzienser

In der Gemeinde Odenthal liegt der »Bergische Dom«, die Kirche eines ehemaligen Zisterzienserklosters. 1259 wurde der Grundstein zu der neuen Klosterkirche, dem heute so benannten »Altenberger Dom«, von den aus Frankreich gekommenen Mönchen gelegt.

1379 hatten die Zisterzienser das Gotteshaus vollendet: Eine einfache Basilika mit drei Schiffen und einem Querschiff, einfache Streben und Bögen stützen die Mauern.

Bis zu 100 Brüder und Patres lebten zeitweilig hier zusammen. Dieser Mönchsorden war in seinen Regeln sehr streng: Sie schliefen nur auf hölzernen Bettstellen mit einer Strohmatte, Wolldecke und -kissen. Um Mitternacht standen sie zum ersten Gottesdienst auf, der noch sechsmal am Tag gefeiert wurde. Nach der Regel *Ora et labora* (»Bete und arbeite«) sorgten die Mönche selber für ihren Lebensunterhalt: Arbeit auf dem Feld, im

■ **Information:** Altenberger Dom, Eugen-Heinen-Platz 2, 51519 Odenthal, Kath. Pfarramt, Ludwig-Wolker-Str. 4, 51519 Odenthal, Tel.: 02174/45 33 oder 493 57; Dom–Laden, Eugen-Heinen-Platz 3, 51519 Odenthal-Altenberg, Tel.: 02174/41 99 30.

■ **Öffnungszeiten:** Ohne Führung ist der Dom Mo. u. Sa. ab 8 Uhr, sonst ab 6.30 Uhr geöffnet. Während eines Gottesdienstes oder einer musikalischen Veranstaltung ist das Umhergehen nicht erwünscht. Führungen: Ute Schönebaum, Tel.: 02202/95 95 19; E-Mail: ute.schoenebaum@altenberg-dom.de.

■ **Einkehr:** Einkehrmöglichkeiten: Altenberger Hof Hotel, Restaurant; Küchenhof-Gaststätte; Märchenwald-Café, Restaurant; Wißkirchen Hotel, Restaurant.

■ **Verkehrsanbindung:** A1 Leverkusen-Dortmund, Abfahrt Burscheid, weiter über B51 Sträßchen, Blecher nach Altenberg.

■ **Parken:** Mehrere Parkmöglichkeiten rund um den Altenberger Dom.

Garten oder Wald bis zum Sonnenuntergang. Sie wurden zu Spezialisten
für Obstbäume, Trockenlegung von Sümpfen, Bienenzucht und viele andere Fähigkeiten des Mittelalters. Trotz dieser anstrengenden Arbeit
waren ihnen Fleisch und Tierfette, Salz und Gewürze verboten. Eine Heizung gab es im Kloster nicht. Nur der Abt (Klostervorsteher) durfte den
Mönchen Sprecherlaubnis erteilen. Ihr Leben sollte nur ausgerichtet sein
auf die Suche nach Gott.

Bis 1803 beeinflusste das Kloster die Entwicklung des Landes sehr stark.
Nach einem Brand 1815 verfielen Kloster und Kirche. Goethe und andere
Personen haben den preußischen König zum Wiederaufbau gedrängt;
1847 wurde es im Beisein des Königs von Preußen eingeweiht. Der Orden
der Zisterzienser kam nicht wieder. Aber die Gemeinde Odenthal hat die
Umgebung des Domes so gestaltet, wie sie zur Zeit der Mönche einmal
ausgesehen haben kann. Und da kann man rundum noch einiges entdecken: die Markuskapelle, das prachtvolle Tor zum früheren Friedhof, die
Orangerie (hier wurden im Winter südliche Pflanzen aufbewahrt).

Kinderführung im Dom

53 Der gestohlene Edelstein

Vom Dreikönigenschrein und anderen Schätzen im Dom

Zwei Tonnen Gold, so haben Fachleute ausgerechnet, ist der Stein wert, der vor einigen hundert Jahren aus dem Schrein geraubt wurde. Aber der Reihe nach ...

Kommt man nach Köln, ob mit der Deutschen Bahn, mit dem Auto über die Rheinuferpromenade oder sogar mit dem Flieger Richtung Köln/Bonn – immer steht da dieser himmelstürmende Dom mit seinen beiden Türmen. Und immer lockt er zu einem Besuch! Denn schließlich ist der Kölner Dom unter den großen Kirchen der Welt das reinste und vollkommenste Exemplar einer hochgotischen Kathedrale.

632 Jahre, von 1248 bis 1880, wurde – mit einer langen Unterbrechung – an dieser Kirche gebaut. Und diese Bauarbeit ist nie beendet, denn stän-

---

■ **Information:** KölnTourismus, Kardinal-Höffner-Platz 1, 50667 Köln, (gegenüber dem Dom), 50667 Köln, Tel.: 0221/22 12 33 27
(Köln für Kids: spezielle Führungen mit Sagen, Legenden, Dom),
DomFORUM, Domkloster 3, 50667 Köln, Tel.: 0221/92 58 47 30 (Führungen),
Dombauverwaltung, Margaretenkloster 5, 50667 Köln, Tel.: 0221/179 40-100,
Fax: -199; www.koelner-dom.de, presse@erzbistum-koeln.de.
■ **Öffnungszeiten:** Kölner Dom Nov.–April 6:,00–19.30 Uhr,
Mai–Okt. 6–21 Uhr; aktuelle Informationen zu Terminen und Preisen der Führungen erhalten Sie im Domforum, Tel.: 0221/92 58 47 30
Domschatzkammer: Öffentliche Führungen ohne vorherige Anmeldung: donnerstags um 15 Uhr.
■ **Einkehr:** Viele Einkehrmöglichkeiten rund um den Dom und in der Stadt.
■ **Verkehrsanbindung:** AB-Kreuz Köln-Ost (A3/A4): Richtung Köln Zentrum, Abfahrt hinter der Zoobrücke. AB-Kreuz Köln-Nord (A1/A57), Richtung Köln Zentrum/Köln-Ost. Busbf. hinter dem Hbf. Bahn: Aus allen Richtungen mit der Deutschen Bahn bis Hbf Köln, der unmittelbar am Kölner Dom und nur 100 m vom Beginn der Fußgängerzone liegt.
■ **Parken:** Ausgewiesene Parkplätze, Tief- und Hochgaragen in der City, nahe »Parkhaus unter dem Dom«.

dig muss die Dombauhütte Teile an den Fassaden und Türmen auswechseln, die von Umwelteinflüssen beschädigt wurden. Aber erst 1880 wurde der Dom mit den Türmen vollendet. Bis dahin war fünf Jahrhunderte lang der Kran auf dem 60 Meter hohen Südturm das Wahrzeichen der Stadt.

Es gibt viel zu sehen und zu hören, denn eine Domführung ist immer eine spannende Sache. Aber am abenteuerlichsten ist die Geschichte um den Dreikönigenschrein und die Gebeine der Heiligen Drei Könige Caspar, Melchior und Balthasar:

Vor sechshundert Jahren erbat Rainald von Dassel nach der Eroberung von Mailand ihre Reliquien von Kaiser Barbarossa. Später sammelte der nächste Erzbischof von Köln, Philipp von Heinsberg, Gold und Silber sowie Edelsteine und Gemmen für einen Schrein. König Otto IV. stiftete nach seiner Krönung in Aachen im Jahre 1200 massives Gold und viele, viele Edelsteine, in die Miniaturbilder geschnitten sind.

In der Werkstatt des großen Meisters Nikolaus von Verdun entstand dieses Wunderwerk. Es ist wie eine Basilika gebaut und überreich mit Edelsteinen und Emailletafeln geschmückt. An den Seitenwänden thronen unter sechs Rundbögen die in Silber getriebenen und vergoldeten Figuren der Propheten aus dem Alten Testament. Die Arkaden werden von Emaillesäulchen getragen. Die Stirnseite zeigt eine Darstellung, wie die Heiligen Drei Könige unter Kleeblattbögen der Gottesmutter ihre

Der Dreikönigenschrein

Gaben darbringen. Auch die Sockel, Simse, alle Leisten ringsum sind mit farbigen Schmelzen und geschliffenen Edelsteinen besetzt. In der Mitte liegt ein goldfarbener Citrin. Dieser ersetzt seit mehr als vier Jahrhunderten den legendären Ptolemäerkameo, der am 27. Januar 1574 während der Frühmesse im Dom gestohlen wurde.

Obwohl damals der Kölner Stadtrat für die Wiederbeschaffung des Kameos 300 Taler ausgesetzt und man sofort die Stadttore geschlossen hatte, waren die Diebe entkommen! Erst sehr viel später ist der Kameo wieder aufgetaucht; heute liegt er im Kunsthistorischen Museum von Wien.

54 Die Römerstadt ...

... überirdisch und sogar unterirdisch

Diese Tour wird das römische Köln zum Ziel haben, denn über vier Jahrhunderte spielte diese Gründung der Römer eine wichtige Rolle in Politik, Wirtschaft und Kultur an der damaligen Ostgrenze des Römischen Weltreiches – dem Rheinstrom.

Jeder hat den Satz aus der Weihnachtsgeschichte in Erinnerung: »In jenen Tagen geschah es, dass vom Kaiser Augustus ein Befehl ausging, dass aufgezeichnet werde der gesamte Erdkreis.« Unter dessen Herrschaft hatte der römische Feldherr Marcus Agrippa den Stamm der Ubier auf einem hochwasserfreien Plateau über dem Rhein angesiedelt – der Kern des »oppidum Ubiorum« (stadtartige, befestigte Siedlung der Ubier). Hier wurde 16 n. Chr. Agrippina geboren, wie wurde später Ehefrau des Kaisers Claudius. Sie drängte ihren Ehemann, die Stadt in den Rang einer »Colonia« zu erheben: seither hieß sie *Colonia Claudia Ara Agrippinensium* und wurde zur Hauptstadt der römischen Provinz Niedergermanien, in der die kai-

■ **Information:** Römisch-Germanisches Museum der Stadt Köln, Roncalliplatz 4, 50667 Köln, Tel.: 0221/22 12 45 90 und 22 12 44 38, Fax: 22 12 40 30.
■ **Öffnungszeiten:** Di.–So. 10–17 Uhr (Themenführung sonntags 11:30 Uhr, außer Ferien und Feiertage), Kinderführungen siehe Programm des Museumsdienstes: www.museenkoeln.de.
■ **Kosten:** Erwachsene 5 €, ermäßigt 3,50 €, Kids und Jugendliche bis 18 Jahre frei.
■ **Einkehr:** Viele Einkehrmöglichkeiten rund um den Dom und in der Stadt.
■ **Verkehrsanbindung:** AB-Kreuz Köln-Ost (A3/A4): Richtung Köln Zentrum, Abfahrt hinter der Zoobrücke. AB-Kreuz Köln-Nord (A1/A57), Richtung Köln Zentrum/Köln-Ost. Busbf. hinter dem Hbf. Bahn: Aus allen Richtungen mit der Deutschen Bahn bis Hbf Köln, der unmittelbar am Kölner Dom und nur 100 m vom Beginn der Fußgängerzone liegt.
■ **Parken:** Ausgewiesene Parkplätze, Tief- und Hochgaragen in der City, nahe: »Parkhaus unter dem Dom«.

serlichen Statthalter regierten. Nun entstanden hier monumentale Bauten aus Stein, Tempel, Straßen und Plätze, Theater und Thermen, die das Aussehen der Stadt prägten. Römer, Einheimische und Migranten aus aller Welt wohnten hier in einfachen Häusern und eleganten Stadtvillen. Eine mächtige Stadtmauer mit Toren und Türmen schützte die Stadt, bis sie erstmals im Jahre 355 und später noch einmal 407 von den Franken eingenommen wurde.

Die Spuren der römischen Vergangenheit sind heute noch in der Stadt sichtbar, archäologische Ausgrabungen bringen Jahr für Jahr neue Funde zutage.

Im Römisch-Germanischen Museum der Stadt Köln, erbaut über einer römischen Stadtvilla mit dem weltberühmten Dionysos-Mo-

Mit diesem Reisewagen fuhren schon die Römer.

saik, werden einzigartige Zeugnisse der Vergangenheit Kölns aufbewahrt – von der Urgeschichte bis zum frühen Mittelalter. Funde aus dem römischen Alltagsleben führen in die *Colonia Claudia Ara Agrippinensium*. Glanzpunkte sind die weltweit größte Sammlung römischer Glasgefäße und der wiedererrichtete Grabbau des Veteranen der Fünften Lerchenlegion, L. Poblicius. Weiterhin vermitteln römische Architekturteile, Mosaiken und Wandmalereien, Inschriften und Porträts wie die Bildnisse des Kaiserpaares Augustus und Livia eine Vorstellung vom Leben und der Kultur im römischen Köln. Besonders eine Sammlung von Schmuck der Völkerwanderungszeit fasziniert die Besucher.

Und jetzt heißt es: »Ab in die Unterwelt.« Aber das geht nur mit einer speziellen Führung: durch das Praetorium unter dem Rathaus, den römischen Kanal, die Mikwe (jüdisches Bad) und die Grabungen der Kirche Groß St. Martin.

55 Von Heinzelmännchen und Hänneschen in Köln

Brunnen, Theater und ein Geisterhaus

Wie war zu Köln es doch vordem mit Heinzelmännchen so bequem.
Da war man faul, man legte sich hin auf die Bank und pflegte sich

Da kamen bei Nacht, ehe man's gedacht,
die Männlein und schwärmten und klappten und lärmten ...
und eh' ein Faulpelz noch erwacht, war all sein Tagewerk gemacht!

So beschreibt August Kopisch in der alten Ballade von den Heinzelmännchen die fleißigen Kerlchen, die den Zimmerleuten, Bäckern, Fleischern
und Küfern, sogar dem Schneider halfen, bis ...

Neugierig war des Schneiders Weib, macht sich diesen Zeitvertreib:
streut Erbsen hin die andre Nacht. Heinzelmännchen kommen sacht!

■ **Information:** Hänneschen-Theater, Puppenspiele der Stadt Köln,
Eisenmarkt 2-4, 50667 Köln, Tel.: 0221/258 12 01, Fax: 284 88,
haenneschen@stadt-koeln.de, www.haenneschen.de,
KölnTourismus, Kardinal-Höffner-Platz 1, 50667 Köln, (gegenüber dem
Dom), 50667 Köln, Tel.: 0221/22 13 04 00, Fax: 22 12 33 20
(Köln für Kids: spezielle Führungen mit Sagen, Legenden, Dom),
www.koelntourismus.de.
■ **Öffnungszeiten:** Mi.–So. 14.30–17 Uhr für Kids.
■ **Einkehr:** Viele Einkehrmöglichkeiten rund um den Dom und in der Stadt.
■ **Verkehrsanbindung:** AB-Kreuz Köln-Ost (A3/A4): Richtung Köln Zentrum,
Abfahrt hinter der Zoobrücke. AB-Kreuz Köln-Nord (A1/A57), Richtung Köln
Zentrum/Köln-Ost. Busbf. hinter dem Hbf. Bahn: Aus allen Richtungen mit
der Deutschen Bahn bis Hbf Köln, der unmittelbar am Kölner Dom und nur
100 m vom Beginn der Fußgängerzone liegt.
■ **Parken:** Ausgewiesene Parkplätze, Tief- und Hochgaragen in der City,
nahe »Parkhaus unter dem Dom«.

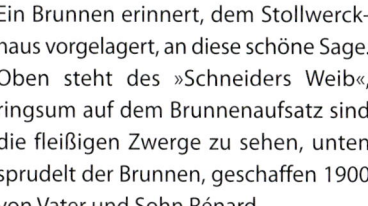

Hänneschen und Bärbelchen

es fährt nun aus, schlägt hin im Haus ...
Sie springt hinunter auf den Schall,
huschhusch verschwinden all.

Ein Brunnen erinnert, dem Stollwerck-haus vorgelagert, an diese schöne Sage. Oben steht des »Schneiders Weib«, ringsum auf dem Brunnenaufsatz sind die fleißigen Zwerge zu sehen, unten sprudelt der Brunnen, geschaffen 1900 von Vater und Sohn Rénard.

An eine andere Sage erinnerte einst auf dem Neumarkt das weit berühmte Rich-modis-Haus an Kölner Geschichte:

Im Jahre der Pest 1400 starb Frau Richmodis, die Gattin des hier wohnenden Ritters von Aducht, war jedoch nur scheintot begraben und durch ihr Toten-geschmeide stehlende Räuber wieder erweckt worden. Nachts kehrte sie nach Hause zurück; aber der Ritter erklärte, so wenig glaube er an ihre Rückkehr aus dem Grabe, wie daran, dass seine beiden Schimmel die Treppen hinauf-stiegen. In diesem Augenblick hörte er Rossestampfen, und die Pferde stiegen die Treppe hinauf. Frau Richmodis soll noch jahrelang gelebt haben und Mut-ter mehrerer Kinder geworden sein.

Heute ist noch der Turm des Rich-modis-Hauses zu sehen; er wurde in die Ladenpassage Richmod-Center einbezogen.

Am Eisenmarkt in der Kölner Alt-stadt befindet sich das Hänneschen-Theater, ein traditionelles Stock-puppentheater. Seit über 200 Jahren erfreuen sich nicht nur Köl-ner Freunde des Puppenspiels an den Geschichten um Hänneschen und Bärbelchen in kölscher Sprache.

Bunt und lustig geht´s zu in Köln.

139

56 Circus Roncalli

Buntes Treiben unter dem Zirkuszelt

35 Jahre Roncalli – das heißt 35 Jahre träumen, staunen, lachen. 1976 hat Bernhard Paul den Zirkus buchstäblich aus dem Nichts erschaffen, heute ist er eines der renommiertesten Zirkus-Unternehmen der Welt.

■ **Information:**
Circus Roncalli,
Neurather Weg 5, 51063 Köln,
Tel.: 0221/964 94-0.

■ **Öffnungszeiten:** Aufführungstermine siehe Internet: www.roncalli.de.

■ **Einkehr:** Viele Einkehrmöglichkeiten rund um den Dom und in der Stadt.

■ **Verkehrsanbindung:**
AB-Kreuz Köln-Ost (A3/A4): Richtung Köln Zentrum, Abfahrt hinter der Zoobrücke. AB-Kreuz Köln-Nord (A1/A57), Richtung Köln Zentrum/Köln-Ost.
Busbf. hinter dem Hbf.
Bahn: Aus allen Richtungen mit der Deutschen Bahn bis Hbf Köln, der unmittelbar am Kölner Dom und nur 100 m vom Beginn der Fußgängerzone liegt.

■ **Parken:** Ausgewiesene Parkplätze, Tief- und Hochgaragen in der City, nahe »Parkhaus unter dem Dom«.

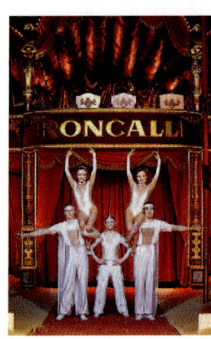

Jung gebliebener Zirkus

Fantastisch! Da purzeln Clowns durch die Manege, zeigen Artisten ihr großes Können unten im Sand oder oben auf dem Seil, zwischen den Zeltstangen oder hoch in der Luft unter der Zirkuskuppel. Tiere, Menschen und Sensationen mitten in der Stadt. Zauberhaftes, Liebenswürdiges, Komisches und Sinnliches aus der Welt des Zirkus entführen Kids und Erwachsene ins Reich der Fantasie und des Fantastischen. In Köln öffnet sich erstmals der rote Samtvorhang für die Maneginszenierung der Saison 2010, dann geht es durch ganz Europa. Bernhard Paul hat Darbietungen in der ganzen Welt aufgespürt. Top-Artisten aus allen Kontinenten sind dabei. Herzenserwärmender Humor und liebenswürdige Komik kommen nicht zu kurz, wenn Meister des Clownfachs verpflichtet werden konnten. Zweieinhalb Stunden geht es rasant zu im Zirkusprogramm, ohne Stopp, ohne Pause.

Rote Pappnas, große Augen und ein breiter Mund – der Clown

57 Mmmmuseum – aber bitte Schokolade!

Das Museum für Schleckermäuler am Rhein

Wenn die Sonne in die Natur lockt, sind Museen ja nicht gerade sehr prickelnd! Aber hier wird die Schokoladenseite der Kölner Museen geboten: das Schokoladenmuseum Köln.

Das Haus selber zeigt schon eine besondere Architektur und steht in einer ebenfalls außergewöhnlichen Lage. Dieses Museum zur Geschichte und Gegenwart der Schokolade liegt mitten im Rhein auf der Rheinau-Halbinsel und ist eine wohl einzigartige Kombination aus moderner Architektur und geschichtlicher Baukunst.

Der Rundgang beginnt mit dem Bereich »Der Kakaobaum, Anbau und Ernte, Handel, Medizin und Schokolade«. Hier kann man im wahrsten Sinne des Wortes hautnah das tropische Klima erleben, denn der Weg

■ **Information:** Schokoladenmuseum Köln, Am Schokoladenmuseum 1 a, 50678 Köln, Tel.: 0221/93 18 88 12, Fax: 93 18 88 14, www.schokoladenmuseum.de.

■ **Öffnungszeiten:** Di.–Fr. 10–18 Uhr, Sa./So. 11–19 Uhr, geöffnet auch an Feiertagen (außer Weihnachten, Silvester, Neujahr, Weiberfastnacht bis Aschermittwoch).

■ **Kosten:** Erwachsene 7,50 €, Gruppen (15 P.) 7 €, ermäßigt 5 €, Familienkarte 21 €.

■ **Einkehr:** Panorama-Café im Museum mit Sonnenterrasse.

■ **Verkehrsanbindung:** AB-Kreuz Köln-Ost (A3/A4): Richtung Köln Zentrum, Abfahrt hinter der Zoobrücke. AB-Kreuz Köln-Nord (A1/A57), Richtung Köln Zentrum/Köln-Ost, Abfahrt Riehl vor der Zoobrücke. Busbf. hinter dem Hbf. Bahn: Aus allen Richtungen mit der Deutschen Bahn bis Hbf Köln, der unmittelbar am Kölner Dom und nur 100 m vom Beginn der Fußgängerzone liegt.

■ **Parken:** Ausgewiesene Parkplätze, Tief- und Hochgaragen.

Einmal am Schokoladenbrunnen schlecken

führt durch ein Tropenhaus. Aus einem märchenhaften Schokoladenbrunnen fließt – na, was wohl? Ganz klar: flüssig-warme Schokolade. Jetzt heißt es: in Maßen probieren!

Die modernen Produktionsanlagen zeigen den Weg von der Kakaobohne bis zur fertigen Schokolade.

Auf der zweiten Ausstellungsebene beginnt mit beeindruckenden Ausstellungsstücken vorgeschichtlicher kolumbischer Kulturen aus dem Land, aus dem die »Kakaubohnscher« (Kakaobohnen) importiert wurden, die Kulturgeschichte der Schokolade.

Und wer bis dahin immer noch nicht genug hat von der köstlichen braunen Masse, der kann im Schoko-Shop die süßesten Leckereien aus der hauseigenen Produktion erstehen oder im Panorama-Café auch andere kulinarische Genüsse über den Gaumen gehen lassen. In der warmen Jahreszeit genießt man alles – das Süße und andere Köstlichkeiten – von der herrlichen Sonnenterrasse mit Blick auf das Rheinpanorama.

Übrigens kann man zurück (und natürlich auch hin) mit dem »Schoko-Express« in die Altstadt Köln fahren.

Woher kommt die Milch?

58 Bilderbogen des Barock und Rokoko

Barockfürst Clemens August inszeniert ein »Versailles en miniature«

Sogar die UNESCO würdigte das Vermächtnis des Kurfürsten Clemens August, jenes lebensfrohen Wittelsbachers am Rhein, dem der Volksmund so gern nachsagte: »Bei Clemens August trug man Blau und Weiß, da lebte es sich wie im Paradeis!«

■ Information: Brühl-Info, Uhlstr. 3, 50321 Brühl, Tel.: 02232/793 45, Fax: 793 46, Schlossverwaltung Brühl, Tel.: 02232/440 00, Fax: 432 54.

■ Öffnungszeiten:
Schloss Brühl: Di.–So. 9–12, 13:30–16 Uhr.
Jagdschloss Falkenlust, Di.–So. 9–12:30, 13:30–16:30 Uhr.

■ Kosten: Schloss Brühl: Erwachsene 5 €, Schüler 3,50 €, Ermäßigungen, Jagdschloss Falkenlust: Erwachsene 3,50 €, Schüler 2,50 €.

■ Verkehrsanbindung:
A553, verschiedene Brühl-Abfahren.
DB: Strecke Köln–Koblenz; Stadtbahn-Linie 18 Köln-Bonn.

Seine zauberhaften Barockbauten, Schloss Augustusburg, Jagdschloss Falkenlust und die Muschelkapelle, gehören seit 1984 zu den Weltkulturgütern. Vier Millionen Besucher finden jährlich den Weg in die Schlossstadt Brühl. Machen wir uns ebenfalls auf: Im Herzen Brühls liegt der 40 Hektar große Schlosspark. Eine breite Allee führt zum Schloss Augustusburg, das gestern wie heute Treffpunkt von Staatsmännern aus aller Welt ist, seien es Erzbischöfe und Kurfürsten, die preußischen Kaiser oder in neuerer Zeit die Bundespräsidenten mit ihren zahlreichen Gästen. Die Schönheit des Ortes und seine günstige Lage inspirierten den Kurfürsten, anstelle der 1689 zerstörten Wasserburg 1725 durch Johann Conrad Schlaun und später François Cuvilliés das neue Schloss – mit dem berühmten Treppenhaus von Balthasar Neumann – erbauen zu lassen. Eine Orangerie, Gewächshaus für tropische Pflanzen, und ein Oratorium verbinden das Schloss Augustusburg mit der Schlosskirche an der Schlossstraße. 1735 ließ sie der Kurfürst zur Hofkirche seiner Residenz neu ausgestalten. Eine gerade Allee führte den leidenschaftlichen Falkenjäger aus dem Hause

Wittelsbach, der 1723 den Kurfürsten- und Bischofsstuhl in Köln bestieg, wie heute den Besucher zum Jagdschloss Falkenlust (1733) und zur Muschelkapelle.

In Brühl ist der Marktplatz das Herzstück der Stadt; hier kann man Einkehr halten. Beschließen kann man den Tag mit einem der reichen Kulturangebote in Brühl: Theater, Konzerte, Kinderprogramm oder ein Schlosskonzert im Sommer.

Das prächtige Schloss des Barockfürsten Clemens August in Brühl

59 Bilderbuchmuseum Burg Wissem

Jetzt sind »Leseratten«, aber auch Fußballer gefragt!

Da möchte man stundenlang schmökern: bei schönem Wetter im Park oder am Rand des Wildgeheges oder bei Regen im roten Schloss!

■ **Information:** Bilderbuch-museum Stadt Troisdorf, Burg Wissem, Burgallee 1, 53840 Troisdorf, Tel.: 02241/884 14 21 oder -4 27, Fax: 88 41-8 65, Theatermuseum Wahn, Tel.: 02203/64 185, Soccer-Dome Rhein-Sieg, Heinkelstr. 3, 53844 Troisdorf, Tel.: 02241/881 09 95; www.soccerdome-rhein-sieg.de.

■ **Öffnungszeiten:** Di.–So. 11–17 Uhr.

■ **Kosten:** Büchermuseum: Erwachsene 2,50 €, Kids 1 €, Soccer-Dome: Buchung ab 35 €, Schüler mit Ausweis 2 €.

■ **Einkehr:** Museumscafé.

■ **Verkehrsanbindung:** A3 und A59 Abfahrt Troisdorf, S-Bahn von Köln Hbf, ab Troisdorf Bahnhof mit Buslinien 501, 506, 507 und 508 bis Ursulaplatz; Fußweg vom Bahnhof ca. 15 min.

■ **Parken:** Parkplätze in unmittelbarer Nähe.

Diese vielen schönen, bunten Bücher! 2000 Exemplare, das älteste von 1498 und die vielen schönen Bücher aus unserer Zeit. Bunte Fabeln, Kinderspiele und Kinderbibeln, und dann die vielen Märchen- und Sagenbücher mit den farbenprächtigsten Bildern. Dazu steht eine Präsenzbibliothek mit über 12 000 modernen Kids- und Jugendbüchern zur Verfügung. Im »Märchenerker« können Besucher in Ruhe blättern und lesen. Hier findet man die Originalillustrationen, die von den Künstlern für das Bilderbuch gemalt und später in das Buch gedruckt wurden. Jetzt werden Träume wahr: Endlich kann man von Gulliver unter den Liliputanern oder von diesem legendären Rübezahl lesen, oder noch mal wieder in Hanni und Nanni oder Goldköpfchen oder Trotzköpfchen. Und dann diese vielen neuen Bilderbücher, ob von Tomi Ungerer und seinen drei Räubern, Ali Mitgutsch mit dem Bauernhof oder den schrecklichen Kerlen von der Insel oder Janosch oder Pinocchio oder wem immer.

Und nun kommt das Tollste: Man kann mehr als nur lesen. Da werden Märchenstunden veranstaltet und Märchen erzählt. Kindergeburtstagsfeste wechseln mit Konzerten, Kinderkino,

Großes Kinderfest im Bilderbuchmuseum

Malaktionen und Lesungen sowie einem Bücherflohmarkt. Unterstützt wird dieses Programm von der Kreativ-Werkstatt in der Nachbarschaft. Ausstellungen, Märkte, Buchvorstellungen und natürlich auch Lesungen mit berühmten Schriftstellern von Kinderbüchern finden regelmäßig statt.

Übrigens, wer noch weiter in der »Traumwelt« bleiben möchte, der sollte noch schnell in das Theatermuseum Wahn fahren. Dort sind Kulissen, Kostüme, Dekorationen und Requisiten aus vielen Stücken von den »Brettern, die die Welt bedeuten« zu finden!

Tipp

Für die nimmermüden Fußballbeine steht in Troisdorf-Kriegsdorf die modernste Soccerhalle Deutschlands zur Verfügung: Auf 2600 qm können Groß und Klein kicken, was das Zeug hält.

60 Gut aufgehoben und schöpferisch sein

Stadtmuseum mit Stadtgeschichte und viel mehr

Im Geburtshaus des Märchenoper-Komponisten Engelbert Humperdinck residiert das Stadtmuseum; zwei Straßen weiter in der Humperdinck-Straße befindet sich die Engelbert-Humperdinck-Musikschule.

Auf vier Etagen wird im Museum Siegburgs Vergangenheit anschaulich vorgestellt: Aus der Blütezeit der Töpferkunst sind Sturzbecher und Schnabelkannen zu sehen, neben diesen schönen Dingen aber auch die schauerlichen Hinterlassenschaften einer grausamen Hexenverfolgung: die Folterinstrumente im Kellergewölbe aus dem Mittelalter. Dazu sind Kunstausstellungen zu sehen, ob nun Pablo Picasso gezeigt wird oder die Kunst der australischen Aborigines.

Das Stadtmuseum bietet auch Malkurse oder eine Bastelaktion für Kids an. Am tollsten ist aber ein Kindergeburtstag im Museum, wenn mit einem Künstler die lustigsten Dinge aus Ton, Holz, Papier oder anderem Material gebastelt werden. Danach schleckt man mitgebrachte Köstlichkeiten oder geht ins Museumscafé. Und in den Ferien veranstaltet das Mu-

---

■ **Information:** Kreisstadt Siegburg, Stadtmuseum, Markt 46,
53721 Siegburg, Tel.: 02241/969 85 10 oder 557 33,
Tourist Information, Europaplatz 3, 53721 Siegburg, Tel.: 02241/194 33,
www.siegburg.de, E-Mail: tourismus@siegburg.de; Zweigstelle: Markt 46,
53721 Siegburg.
■ **Öffnungszeiten:** Stadtmuseum (Geburtshaus Engelbert Humperdincks):
Di.–Sa. 10–17 Uhr, So 10–18 Uhr.
■ **Kosten:** Erwachsene 2 €, ermäßigt 1 €, Familienkarte 3,50 €.
■ **Einkehr:** Museumscafé, Tel.: 02241/127 48 07.
■ **Verkehrsanbindung:** A3 Köln-Frankfurt, Abfahrt Sankt Augustin, Stadtmitte; Bus- und Bahnverbindungen von Köln und Bonn.
■ **Parken:** Parkplätze sind ausgeschildert.

Für Kids und Eltern sind auch einige Veranstaltungen bei dem »Humperdinck-Musikfest«; am schönsten natürlich die wunderbare Märchenoper »Hänsel und Gretel« mit den zauberhaften Weisen *Abends, wenn ich schlafen geh* oder *Der kleine Sandmann bin ich* und *Suse, liebe Suse* bis zu *Brüderchen, komm tanz mit mir* – alle sehr bekannte Melodien, die immer zur Weihnachtszeit im Stadtmuseum in der Oper zu hören sind.

seum auch Ferienaktionen, zum Beispiel »In den Brunnen gefallen«. Was das ist? Pst, wird nicht verraten; hingehen und zuschauen, nein besser mitmachen!

Aber halt – da singt und klingt es noch aus vielen Ecken? Ein paar Häuser weiter ist die Musikschule für Musikfreunde in jedem Alter, aber auch für angehende Berufsmusiker. Vor allem die musikalische Früherziehung für Kids ist hier Thema. Unterricht auf vielen Instrumenten ist selbstverständlich.

Töpferkurs im Stadtmuseum

61 In der Töpferei

Ton, Scherben und Siegburger Krüge

Seit altersher wird in Siegburg (11. Jh.) getöpfert. Reiche Tonvorkommen lockten die Töpfer an, die sich vor den Toren der Stadt niederließen.

■ **Information:** Siegburger Töpferei, Kirchplatz 7 (Am Markt), 53721 Siegburg, Tel.: 02241/695 88, www.siegburgertoepferei.de.
■ **Öffnungszeiten:** Mo.–Fr. 10–18 Uhr, Sa 10–14 Uhr.
■ **Kosten:** Kein Eintritt.
■ **Einkehr:** Zahlreiche Einkehrmöglichkeiten in der Stadt.
■ **Verkehrsanbindung:** A3 Köln-Frankfurt, Abfahrt Sankt Augustin, Stadtmitte; Bus- und Bahnverbindungen von Köln und Bonn.
■ **Parken:** Parkhäuser in unmittelbarer Umgebung.

Eine Hochblüte hatte das Siegburger Steinzeug im 16. Jh. Die »Pöttker« mit Kiepen voller Tongeschirr auf dem Rücken zogen bis in die entferntesten Gegenden, um ihre Waren zu verkaufen. Der Ruhm der Stadt drang sogar bis nach England und Skandinavien vor. Jeder Brand wurde durch einen Zunftmeister kontrolliert und fehlerhafte Krüge mussten weggeworfen oder durch einen Schlag in den Boden zerstört werden. Nach der Zerstörung durch die Schweden 1632 hatte die Siegburger Töpferei keine Bedeutung mehr. Übrigens gab es um die Tongruben in vergangenen Zeiten mit den Nachbargemeinden oft Streit. Aber das ist längst ausgestanden. Vielmehr findet man oft bei Ausgrabungen alte Scherben, sogar Spielzeug aus Ton. Daher weiß man, dass in der Gegend schon vor 900 Jahren eine Töpferei gearbeitet hat.

Im Herzen von Siegburg zog eine neue Töpferei in das historische Haus am Fuß der Servatiuskirche ein. Hier werden »Siegburger Krüge« hergestellt in all ihrer Formenvielfalt, nach den historischen Vorbildern und in traditioneller Handarbeit. Bei diesen Arbeiten kann dem Töpfer zugeschaut werden: Man sieht den Krug auf der Drehscheibe entstehen und alle folgenden Arbeiten, wie Abdrehen, Henkeln, Verzieren, Füßedrücken (der berühmte Siegburger Wellenfuß) und Glasieren. Im Ausstellungsraum ist eine große Auswahl der fertigen Siegburger Krüge zum Verkauf ausgestellt.

Theater der Jugend 62

Ein Theater nur für Kids und Jugendliche

Viele bunte, aber auch ernste, zum Nachdenken, zur Diskussion anregende Stücke werden an der Hermannstraße gespielt. Ein Förderkreis hilft, damit zusätzlich zu den Eintrittsgeldern die Finanzen stimmen, denn so ein Theater kostet viel Geld.

So ein Theater ist unbedingt wichtig und ja auch viel spannender, als zum Beispiel nur Kino auf der Leinwand oder Fernsehen auf dem Bildschirm. Hier kann man die Leute sehen, manchmal sogar anfassen, auf jeden Fall aber ihr Spiel beobachten: ob »Momo« (M. Ende), »Geheime Freunde«, »Oliver Twist« (n. Charles Dickens), »Die kleine Hexe« (n. O. Preussler) oder »Ronja Räubertochter« (n. a. Lindgren).

Neben den Schauspielern gibt es noch viele Leute, die zum Gelingen einer Aufführung beitragen: Bühnenbildner, Technischer Leiter, Beleuchter und Tonmeister, natürlich der Regisseur, die Regieassistenz, die Kostümbildner und die Leute, die das Theater verwalten. Sie halten sich meist unsichtbar hinter den Kulissen auf, aber ohne sie wäre Theaterspielen undenkbar.

Wilde Kreaturen

■ **Information:** Junges Theater Bonn, Hermannstr. 50, 53225 Bonn, Tel.: 0228/46 36 72,
BonnInfo, Windeckstr. 1, 53111 Bonn, Tel.: 0228/77 50 00, Fax: 77 50 77.
■ **Öffnungszeiten:** Zeiten im Spielplan einsehen.
■ **Kosten:** Eintritt: 8–10 €, ermäßigt 6–8 €, Gruppen ab 5 P. 1 € pro Karte; Karten sind jeweils eine halbe Stunde vor Beginn der Vorstellungen an der Theaterkasse abzuholen. Ticket-Hotline: 0228/46 36 72.
■ **Einkehr:** Einkehrmöglichkeiten in der Innenstadt in großer Auswahl.
■ **Verkehrsanbindung:** PKW: A555, Abfahrt 7, Verteilerkreis Bonn/Zentrum; von der A565 verschiedene Abfahrten zu den Ortsteilen.
■ **Parken:** Parkmöglichkeiten ausgeschildert im Zentrum.

Kletter-, Bade- und Eislaufmöglichkeiten im Rheinland

Kletterwände/ Klettermassive

Kletterspaß Düsseldorf

Klettermassiv mit Kletterbereichen (850 qm), der höchsten Wand 14 m, Wand mit »Fels-Struktur«, Kinderkletterwand mit Rutsche. Wiesenstraße 76, 40549 Düsseldorf-Heerdt, Tel.: 0211/563 87 89; info@klettermassiv.de
- **Öffnungszeiten:** Mo 17–23, Di–Fr 11–23, Sa/So, Fei 10–20 Uhr
- **Kosten:** Erwachsene 9,50 €, Kinder bis 16 J. 6,50 €

Chimpanzo Drome Frechen

Betreutes Kinderschnupperklettern, Kletterwand, Kindergeburtstag. Ernst-Heinrich-Geist-Str. 18, 50226 Frechen, Tel.: 02234/27 34 10, www.chimpanzodrome.de, webmasterhalle@chimpanzodrome.de
- **Öffnungszeiten:** tägl. 9–23 Uhr
- **Kosten:** Mo–Fr 9–16.30 Uhr: ab 5 €, Sa/So, Fei 9–23 Uhr ab 6 €, Kinder 4–12 J. 5 oder 6 €, Ermäßigungen

Canyon Köln-Chorweiler

Ein spannender Hochseilgarten für mutige Kletterer ab 10 Jahren, sogar mit Trainer, Kurse und Kletter-AGs: Weichselring 6a, 50765 Köln-Chorweiler, Tel.: 0221/534 35 10, www.canyon-chorweiler.de; info@canyon-chorweiler.de
- **Öffnungszeiten:** tägl. 10–23 Uhr, Kinderklettern Di, Do 16–18 Uhr
- **Kosten:** Erwachsene 10, Kinder bis 12 J. 5 €

Kletterhalle Absturz Leverkusen

120 Routen bis auf 13 Meter Höhe, für jeden etwas, ob Profi oder Anfänger.

Angeseilt in der Wand

Kurse für Greenhorns und Experten. Werkstättenstraße 25, 51379 Leverkusen-Opladen, Tel.: 02171/580 98 78; www.a-werk.com; info@a-werk.com.
- **Öffnungszeiten:** Mo–Fr 14–22, Sa/So, Fei 10–22 Uhr
- **Kosten:** Tageskarte 9 €, 10er-Karte 80 €, Kinder 6–17 J. 7, 10er 60 €

Kletterwand Neuss Allrounder

Paradies für Kletterer über 1000 qm in 6 Sektoren mit 37 Umlenkungen = 100 Routen; Kletterwand draußen mit Überhang, Schwierigkeitsgrade zwischen 3- und 9+, auch für Kinder ab 6 Jahren. An der Skihalle 1, 41472 Neuss, Tel.: 02131/12 44-0, Info-Tel.: 0180/500 56 65; www.allrounder.de; info@allrounder.de
- **Öffnungszeiten:** Mai–Sept. Mo–Fr ab 14, Sa, So/Fei ab 10 Uhr
- **Kosten:** Mo–Fr 7,50 €, Sa/So, Fei 11,50 €, Kinder 6–17 Jahre Mo–Fr 5,50 €, Sa/So, Fei 9,50 €.

Kletterwand Wesseling

Kletterhalle mit vielen Angeboten: Kurse, Training, Geburtstagsprogramme und eine Kletterburg mit Gängen und Kletterbrücke. Vorgebirgsstraße 5, 50389 Wesseling, Tel.: 02236/89 05 70, ww.bronxrock.de, info@bronxrock.de

■ **Öffnungszeiten:** Mo–Fr 9–24 Uhr, Sa/So, Fei 9–22 Uhr

■ **Kosten:** Mo–Fr Tageskarte 11,50 €, Sa/So, Fei 12,50 €, Kinder 10 €

Badespaß in Freizeit- und Erlebnisbädern

Bad Honnef

Freizeitbad Grafenwerth

Schwimmer- und Kinderbecken, Sprunganlagen, 52 m-Wasserrutsche, Wasserfall, Kneipp'sche Rinne, Eltern-Kind-Bereich mit kleiner Rutsche und Schiffchenkanal, 30.000 qm Liegewiesen mit altem Baumbestand

■ **Information:** Freizeitbad Grafenwerth, Rheinpromenade 4, 53604 Bad Honnef, Tel.: 02224/184-224

■ **Öffnungszeiten:** Freibad Insel Grafenwerth: im Sommer Mo–Fr 7–20 Uhr, Wochenende 10–20 Uhr

■ **Kosten:** Erwachsene 3 €, ermäßigt 1,50 €; Frühtarif 2 €, Fr/Sa/So 5 €

■ **Einkehr:** Kiosk und Schwimmbadrestaurant

■ **Verkehrsanbindung:** BAB 3, Ausfahrt 34 Bad Honnef/Linz; Straßenbahn Linie 66 (Bonn-Bad Honnef) bis Endhaltestelle; DB bis Bf Bad Honnef, Buslinien bis Endhaltestelle 560 (von Oberpleis, Aegidienberg), 562 (von Asbach), 565 (von Lins); AST-Haltepunkt Freibad Grafenwerth an der »Berck-Sur-Mer-Brücke«

■ **Parken:** Ausgewiesene Parkmöglichkeiten

Bedburg

Freibad, Hallenbad monte mare

Freibad: Kinderplanschbecken, Erlebnisbecken, Schwimmerbecken, Breitrutsche, Beckenwasser ca. 25°C Hallenbad: 25-Meter-Sportbecken mit 1- und 3-Meter Sprungbrett, Lehrschwimmbecken für Schwimmanfänger und Wassergymnastik, Kinderbecken mit Spielbereich und vielen bunten Wasserfiguren.

■ **Information:** Freibad, Erfstr. 15, 50181 Bedburg, Tel.: 02272/4327 Hallenbad: monte mare Bedburg, Albert-Schweitzer-Straße 31 (neu: Monte-Mare-Weg 1), 50181 Bedburg-Kaster, Tel.: 02272/90680-0 Fax: 02272 90680-40; bedburg@monte-mare.de

■ **Öffnungszeiten:** Freibad: Mai–August, täglich 8–20 Uhr Hallenbad: Mo–Fr 6–8, 14–20 Uhr, Sa/So 10–18 Uhr

■ **Kosten:** Freibad: Erwachsene 3,50 €, Kids 7–14 J. 2,50 €, Familienkarte Hallenbad: Kids bis 1 Meter frei, Jugendliche bis 16 J. 3 €, Erwachsene 4 €

■ **Verkehrsanbindung:** Autobahnverbindungen über die A 61, Abfahrt Bedburg Deutsche Bahn: Düsseldorf – Bedburg – Köln; ÖNV nach Bergheim, Köln, Brühl, Jülich und Grevenbroich.

■ **Parken:** An den Bädern

Bergisch Gladbach

Kombibad Paffrath, Borngasse 2., Tel.: 02202/53344 Hallenbad: 25m Becken 28 °C, Lehrschwimm- und Kleinkinderbecken

mit Spielgeräten, 50-m-Sportbecken)
Freibad: 50-m-Becken, 87m-Rutsche,
Kleinkinderbecken, Liege- und Sport-
wiesen

■ **Öffnungszeiten:** Hallenbad
6.15–20/21.30 Uhr; Freibad 10–20 Uhr

■ **Kosten:** Jugendliche ab 3,20 €,
Erwachsene ab 4,50 €
www.kombibad-paffrath.de

Freibad Milchborntal, Milchborntal-
weg 69, Tel.: 0 22 02/29 06-0,
Fax: 0 22 02/29 06 29,
E-Mail: info@freibad-milchborntal.de
Am Waldrand: 50-m-Schwimmerbe-
cken mit Whirlliegen, Bodensprudler
und Massagedüsen, Springerbecken
mit 1-m- und 3-m-Sprunganlage,
Nichtschwimmerbecken mit etlichen
Wasserattraktionen, attraktives Kleinkinderbecken mit vielen Wasserspiel-
geräten, Kinderspielplatz mit Seilzir-
kus.

■ **Kosten:** Erwachsene 4,50 €,
sonstige 3,50 €

■ **Öffnungszeiten:** tägl. von 10–20 Uhr

Saaler Mühle, Freizeitanlage mit 7 ha
großem See, Wanderwege mit
Schutzhütten, Grillhütten, Spielplatz,
Wellenfreibad, Hallenbad, Eissporthalle, Sporthalle, Tennis- und Sport-
plätze, Kleinspielplätze

■ **Information:** Freizeitpark Saaler
Mühle, Saaler Straße, 51429 Bergisch
Gladbach, Tel.: 02204/2020,
Fax: 202222, www.mediterana.de
info@mediterana.de oder
www.rbk-direkt.de

■ **Öffnungszeiten:** Ganzjährig möglich

■ **Kosten:** Kostenlos

■ **Verkehrsanbindung:** Ab Köln Hbf
mit S-Bahn S 11 Richtung Berg
Gladbach, von dort Bus 455 Richtung
Kürten, Haltestelle Saaler Straße

■ **Parken:** Drei Parkplätze für 650 PKW

Brühl

KarlsBad

Wildwasserkanal, 4-Jahreszeiten-
Becken, Kinderbecken, Wassertretbe-
cken, Sprudelliegen, Ferienstimmung
im Spaßbecken: Riesenrutsche und
Wasserfall; Sauna, Sonnenbänke,
Dampfbad.

■ **Information:** KarlsBad, Kurfürstenstraße 40, 50321 Brühl,
Tel.: 02232/702270

■ **Öffnungszeiten:** Mo–Fr 10–22 Uhr,
Freibad bis 21 Uhr, Sa 10–20,
So 9–20 Uhr

■ **Kosten:** Hallenbad: Erwachsene
5,30 € (5 Std.), 4,30 € (100 Min.),
Freibad 4 €, Kids 3 € / 2,50 € / 2,50 €,
Ermäßigungen

■ **Einkehr:** Bistro »Happy Meals«

■ **Verkehrsanbindung:** BAB 553 Abfahrten Brühl-Ost, Brühl-Schwadorf,
Brühl-Badorf über die B 51, L 184
oder L 183 bis Kurfürstenstraße
(Schilder); Stadtbus 704, 706, Stadtbahn 18 Brühl-Nord

■ **Parken:** Großer Parkplatz vor dem
Bad

Düsseldorf

Düsselstrand, Wasserlandschaft von
1.300 qm, Schwimmbahn 25 m,
Whirlpool (36–38 °C), Mehrzweckbecken mit Strömungskanal, Bodensprudler, Wasserfall, Geysir, Warm-
wasserbecken mit Massagedüsen,
Außenbecken mit Wasserpilz, Liege-
mulden, Kinderplanschbecken, Fluss
und Röhrenrutsche 100 m, Liegewiese, Sauna, Massagen, Solarium,
Cafeteria.

■ **Information:** Düsselstrand,
Kettwiger Str. 50, 40233 Düsseldorf-
Flingern, Tel.: 0211/821-62 20, -6411

- **Öffnungszeiten:** Sportbecken
6.30–10 Uhr, Bad: Mo–Fr 10–23,
Sa/So 9–20 Uhr
- **Kosten:** Erwachsene 90' 5,50 €, Kids
ab 4 J. 90', 2,90 €, Ermäßigungen
- **Einkehr:** Bistro im Düsselstrand
- **Verkehrsanbindung:** Straßenbahn
Linie 706, Buslinie 725 bis Stadtbad
Düsselstrand; S-Bahn S 8/S 11; mit
U 75 bis Haltestelle »Kettwiger Str.«,
3 Minuten Fußweg
- **Parken:** Kostenpflichtige Tiefgarage

Gartenhallenbad Unterrath,
Mettlacher Str. 55, 40468 D-Unterrath,
Tel.: 0211/821-2672
- **Öffnungszeiten:** Di 7–22,
Mi–Fr 7–21, Sa 8–16, So 9–18 Uhr
- **Kosten:** Erwachsene 3,20 €, Kids
und Jugendl. bis 8 Jahre 1,80 €
- **Verkehrsanbindung:** Straßenbahn
707, 715, Bus 730, 760 Eckener Straße

Frechen

Fresh open, Erlebnisbad
25-m-Schwimmbecken, Sprunganlage, Große Sonnenterrasse, Außenbecken, Babywelt, Brodelbecken,
Lehrbecken, Sauna, Solarium Erlebnisbecken, 101-Meter-Rutsche, mitt-
wochs: Spaß und Action für Kids ab
10 Jahre – Wettrutschen, Geschick-
lichkeitsspiele, Springen, Wettkämpfe
- **Information:** Erlebnisbad Frechen
»fresh open«, Burgstr. 65, 50226
Frechen, Tel.: 02234/956415;
www.fresh-open.de
- **Öffnungszeiten:** Mo 10.15–21.30 Uhr,
Di/Mi 6.30–21.30 Uhr,
Do 6.30–14 Uhr, Fr 6.30–21.30 Uhr,
Sa 10–18.30 Uhr, So 9.30–18.30 Uhr
- **Kosten:** Erwachsene Mo–Fr bis
14 Uhr 3,70 €, ab 14 Uhr 5 €,
Sa/So/Ferien 5,50 €, Säuglinge frei,
Kids bis 4 Jahre 1 €

- **Einkehr:** Cafeteria
- **Verkehrsanbindung:** Autobahn-
ring Köln bis AB-Kreuz Köln-West,
Abfahrt Frechen (BAB 1 Richtung
Koblenz-Euskirchen). Straßenbahn:
Straßenbahn Linie 7 Frechen-Rathaus,
Bus 143, 960 Dr.-Tusch.-Str., Linie 710,
964 Kapfenbergstraße
- **Parken:** Ausgewiesene Parkplätze
in der Stadt

Hilden

Hildorado, Waldbad
Hildorado: 25-Meter-Schwimm- und
Nichtschwimmerbecken, Sprung-
bretter, 50-Meter-Superwasserdusche,
Strömungskanal, Wasserpilz, Geysire,
Sprudelliegen, Whirlpool (35 °C); Au-
ßenbecken, Liegewiese, Kinderbecken
(35 °C), Sauna, Römisches Dampfbad.
Waldbad: Liege- und Spielwiese,
Schwimmkanal vom Wärmetrakt
(28 °C), 50-Meter-Schwimmbecken,
50-m-Superrutsche, Wettkampf-
Sprunganlage, Schach, Tischtennis,
Volleyball, Spielplatz
- **Information:** Hildorado, Sport-
und Freizeitbad Hilden, Grünstr. 2,
40723 Hilden, Tel.: 02103/795-0;
www.stadtwerke-hilden.de
Waldbad, Elberfelder Straße,
40724 Hilden, Tel.: 02103/7950
- **Öffnungszeiten:** Hildorado: Mo–Fr
6.30–9 Uhr, 10–22 Uhr, Sa/So 9–20 Uhr
Waldbad: nach der Saison etwa Mitte
Mai bis Anfang September
- **Kosten:** Erwachsene 6,50 €,
Kids bis 5 Jahre frei, 6–17 Jahre 4 €,
Familienkarte 15 €
- **Einkehr:** Cafeteria, Strandkiosk
- **Verkehrsanbindung:** Hildorado
und Waldbad: A 3 Abfahrt Hilden;
Bus 782 Hildorado, 783 Grünstraße
- **Parken:** Vor den Bädern

Hürth

Familienbad De Bütt

Innen- und Außenbecken, Riesenrutsche, Whirlpool, Wassergymnastik,
Baby-Wassergewöhnung, Babypflege
möglich, Bistro

■ **Information:** Familienbad De Bütt,
Sudetenstr. 91, 50354 Hürth,
Tel.: 02233/72940, ww.familienbad.com

■ **Öffnungszeiten:** Di–Fr 6.45–21 Uhr,
Sa/So 9–21 Uhr

■ **Kosten:** Erwachsene 90' 2,70 €,
Tageskarte 5 €, Kids bis 16 Jahre 90'
1,50 €, Tageskarte 2,50 €, Familienkarten 10 €

■ **Einkehr:** Bistro im Familienbad

■ **Verkehrsanbindung:** PKW: BAB 1,
Abfahrt Hürth; Stadtbus 710, 711 De
Bütt

■ **Parken:** Direkt vor dem Eingang

Köln

Aqualand

2000 qm Badeland der Extraklasse
mit romantischer Lagune, Wasser-
schwall, Strömungskanal, Heißwas-
sergrotte, Whirlpool, Wintergarten,
Außenbereich mit Spiel- und Liegewiese, Kinderbecken, Sauna.
Erlebnisland mit Sport, Animation
und Abenteuer: Röhrenrutschen,
»Crazy River«, Kindergarten.

■ **Information:** Aqualand,
Merianstr. 1, Am Fühlinger See,
50765 Köln-Fühlingen,
Tel.: 0221/70280; www.aqualand.de

■ **Öffnungszeiten:**
Mo–Do 9.30–23 Uhr, Fr 9.30–24 Uhr,
Sa 9–24 Uhr, So 9–23 Uhr

■ **Kosten:** Erwachsene 2 Std. 9,50 €,
4 Std. 11,50 €, Tageskarte 13,50 €;
Kids bis 6 Jahre 4 €, 6–15 Jahre 2 Std.
7 €, 4 Std. 8 €, Tageskarte 9 €, Familienkarte

■ **Einkehr:** Restaurant »Delikatessa«

■ **Verkehrsanbindung:** BAB 1,
Abfahrt Köln-Niehl, BAB 57, Abfahrt
Chorweiler; Buslinien 120, 121
Merianstraße; S-Bahn-Linie S 11;
U-Bahn-Linie 15

■ **Parken:** Über 500 kostenlose
Parkplätze

Königswinter

Schwimmtreff, Kinderschwimmen,
Wasserspaß, Aquajogging, Aqua-
power, Technikschulung, Anfänger-
schwimmen, Wassergymnastik,
Tauchen, Spieltag.

■ **Information:** Hallenfreizeitbad,
Cleethorpeser Platz 10, Königswinter-
Altstadt, Tel.: 02223/91630,
Fax: 916310; www.schwimmtreff-
koenigswinter.de

■ **Öffnungszeiten:** Mo/Di/Do/Fr
6–8.45 Uhr, 13–21 Uhr, Mi 6–8.45,
13–16 Uhr, Sa/So 8–17 Uhr

■ **Kosten:** Erwachsene 3,30 €, Kids
5–13 Jahre 1,90 €, unter 5 Jahren frei

■ **Einkehr:** Bistro

■ **Verkehrsanbindung:** U-Bahn
Linie 66, Ausschilderung Schul-
zentrum folgen

Lemmertz-Bad, Oberweingartenweg,
53639 Königswinter,
Tel.: 02223/21296;
www.koenigswinter.de
Beheiztes Freibad am Fuß des
Drachenfels mit 50-m-Becken, 60-m-
Riesenrutsche, Wasserpilz; Kinder-
spielplatz, Matschbereich, Liegewiese

■ **Öffnungszeiten:** Mai–September
täglich 7–20 Uhr, Sa/So 9–20 Uhr

■ **Kosten:** Erwachsene 3,20 €, Kids
2,70 €, Ermäßigungen
Königswinter, Nähe Talstation
Drachenfelsbahn

Wasservergnügen bis in den sonnigen September ...

Langenfeld

Erlebnisbad mit Superrutsche

Hallen- und Freibad mit Schwimmer-, Springer- und Nichtschwimmerbecken, Sprunganlage, Großwasserrutschbahn, Gegenstromanlagen.

■ **Information:** Städt. Hallen- und Freibad Langforder Straße 70, 40764 Langenfeld, Tel.: 02173/73737, www.sglangenfeld.de

■ **Öffnungszeiten:** Mo 11–16 Uhr, Di/Do 6.30–22 Uhr, Mi 6.30–16 Uhr, Fr 6.30–18 Uhr, Sa 8–16 Uhr, So 8–14 Uhr; Freibad: Mai–Sept. 8–19 (Ferien bis 20) Uhr

■ **Kosten:** Erwachsene 3 €, Kids ab 6 und Jugendl. 1,50 €, Ermäßigungen

■ **Verkehrsanbindung:** BAB 3, Ausfahrt Solingen/Langenfeld; BAB 59, Ausfahrt Langenfeld/Monheim oder Langenfeld/Richrath; A 542 Ausfahrt Langenfeld/Opladen oder Langenfeld/Leichlingen; Bus 777 Schwimmbad

■ **Parken:** Vor den Bädern

Meerbusch

Hallenbad

Städt. Hallenbad mit 5-m-Sprungturm, Spielstunden für Kids

■ **Information:** Städt. Hallenbad Meerbusch, Friedenstraße 21, 40667 Meerbusch

■ **Öffnungszeiten:** Mo, Di 14–19.30 Uhr, Mi, Fr 14–20.30 Uhr, Do 14–18 Uhr, Sa 6.30–18.30, So 8–12 Uhr

■ **Kosten:** Erwachsene 2,80 €, Kids (6–18 J.) 1,30 €

■ **Verkehrsanbindung:** mit U 70, U 74, U 76 Büderich-Landsknecht; PKW A 52/B7, Ausfahrt 14 Büderich, A57 Anschluss 16 Bovert

■ **Parken:** vor dem Bad

Mettmann

Hallenbad

Kleinkindrutsche, Lehrschwimmbecken 30 °C, Sportbecken 28 °C, Wasserspielplatz 36 °C, Finnische Sauna 90 °C, Dampfbad 50 °C, Biosanarium 50 °C, Eukalyptuskabine

60 °C, Kaltwassergrotte, Wasserfall, Sonnendeck, Wickeltische, Solarien, Bistro.

■ **Information:** Hallenbad Mettmann, Gottfried-Wetzel-Str. 2, 40822 Mettmann, Tel.: 02104/980408

■ **Öffnungszeiten:** Mo 8–19 Uhr, Di 7–9.30, 14–18 Uhr, Mi 8–9.30, 14–21.45 Uhr, Do 7–9.30,14–18 Uhr, Fr 8–9.30, 14–21.45, Sa 8–12.45, So 8–13.45 Uhr

■ **Kosten:** Kids unter 6 Jahren i. Begl. Erw. frei, Jugendliche/Schüler (bis 16 J.) 2 €, Erwachsene 3 €

■ **Einkehr:** Bistro

Naturfreibad Mettmann

Gelegen im Stadtwald, nahe der Goldberger Mühle, neues Naturfreibad mit biologischer Aufbereitungsanlage »Geomatrix«, Frischwasser aus einem 49 m tiefen Brunnen.

Rampe für körperbehinderte Gäste, Matsch-Spielplatz, Planschbecken mit Sonnensegel, 80-m-Rutsche, Sprungklippe, Beachvolleyballfeld, Schaukeln, Tischtennisplatte, großflächige Strandflächen.

■ **Information:** Naturfreibad am Stadtwald, Im Stadtwald 1, 40822 Mettmann, Tel: 02104-23 49 36

■ **Öffnungszeiten:** im Sommer Mo–Fr 12–18, Sa/So 10–18 Uhr

■ **Kosten:** Jugendliche/Schüler 2 €, Zehnerkarte 18 €, Abendtarif 1 €; Erwachsene 3 €, Zehnerkarte 27 €, Abendtarif 2 €; Kids u. 6. J. freier Eintritt

Anmietung Strandkörbe (p. Tag) Liegestuhl 2 €, Strandkorb 5 €

■ **Verkehrsanbindung:** A3, Abfahrt Mettmann, immer geradeaus Richtung Mettmann, bis zum Stadtwald, dann Ausschilderung folgen; Regiobahn S 28 von Kaarst-Düsseldorf-Erkrath-Mettmann, Haltestelle Mettmann-Stadtwald, Ausschilderung folgen, Fußweg ca. 10 Min.; Buslinie O 11, Haltestelle Toni-Turek-Allee, Fußweg 3 Min.

■ **Parken:** PKW Toni-Turek-Allee bzw. Hugenhauser Weg, kostenlos

.... bieten die zahlreichen Schwimmbäder und Badeseen

Siegburg

Oktopus Freizeitbad

Freibad: Aktionsbecken mit 85-Meter-Riesenrutschbahn, Rutschberg, Strömungskanal, Wasserpilz, Fontänen, Wasserkanonen, Luftsprudler, Kleinkinderbecken mit Schiffchenkanal und Wasserspeier, Sportbecken (50m), Sprungbereich (1, 3, 5 m), Liegewiese, Volleyballfelder, Kiosk mit Sonnenterrasse.
Hallenbad: Sportbecken (25 x 12,5m), Sprungturm, 65-m-Riesenrutsche, beheiztes Außenbecken mit Sprudelliegen, Wasserfontänen, Kleinkinderbecken mit Kinderrutsche, Wasserspeier, Solarium, Wärmehalle, Wickelstube, Sauna
■ **Information:** Freizeitbad Oktopus, Zeithstraße 110, 53721 Siegburg, Tel.: 02241/65540, Fax: 65520
■ **Öffnungszeiten:** Freibad: Mai–September Mo 10–20 Uhr, Di–So 8–20 Uhr
Hallenbad: Di–Fr 7.30–21 Uhr, Sa/So 8–18 Uhr
■ **Kosten:** Freizeitbad: Erwachsene 4 €, Kids und Jugendliche 2 €
■ **Einkehr:** Kiosk und Restaurant
■ **Verkehrsanbindung:** BAB 3 Köln–Frankfurt, Abfahrt Siegburg, Stadtmitte; Bus- und Bahnverbindungen von Köln und Bonn.
■ **Parken:** Vor dem Freizeitbad

Wesseling

Gartenhallenbad

Mehrzweckbecken, Lehrschwimmbecken, Sonnenbänke, Fitnessraum, Sauna;
■ **Information:** Gartenhallenbad, Saarlandstraße, 50389 Wesseling, Tel.: 02236/701390

■ **Öffnungszeiten:** Hallenbad:
Mo 13–20 Uhr, Di 6.30–22 Uhr, Mi 6.30–19 Uhr, Do 6.30–22 Uhr, Sa 6.30–19 Uhr, So 8–19 Uhr
■ **Kosten:** Erwachsene 4 €, Schüler u. Studenten bis 26 J. 3,50 €, Kids 6–17 J. 2 €, Kurzzeittarif bis max. 1,5 Std.: Erw. 2 €, Kids 1,50 €, Saunabesuch 4 €
■ **Verkehrsanbindung:** BAB 555 Köln-Bonn, Ausfahrt 5 Wesseling, auch Wesseling/Bornheim; BAB A 553 mit Ausfahrt Brühl-Ost/Wesseling, B 9; Stadtbahn Köln-Bonn
■ **Parken:** Parken in unmittelbarer Nähe

Strandbäder in Talsperren/Badeseen

Brühl

Heider Bergsee

Kleiner See zum Spazierengehen und Naturbadeanlage (beim Campingplatz), kein Bootsverleih.
■ **Information:** Campingplatz Heider Bergsee, 50321 Brühl, Tel.: 02232/27040, Fax: 25261, www.heiderbergsee.de
■ **Öffnungszeiten:** Mai–Sept. täglich 8–22 Uhr
■ **Kosten:** Erwachsene 2 €, Kids 2–14 Jahre 1,50 €
■ **Einkehr:** Restaurant »Seeklause«
■ **Verkehrsanbindung:** Ab Köln Hbf: U-Bahn oder Straßenbahn Linie 18 Richtung Bonn bis Brühl Nord, von dort Bus 990
■ **Parken:** Großer Parkplatz vor dem Gelände

Bleibtreusee

See der Ville-Seenplatte mit Schwimmgelegenheit, Surfen, aber

kein Bootsverleih, Spaziergänge, aber Eintritt frei!
Grillplatzreservierung: 0221/232647; E-Mail: hanseler@imleuchtturm.de
■ **Information:** Bleibtreusee an der Bundesstraße 265, 50321 Brühl
■ **Öffnungszeiten:** Sommersaison
■ **Verkehrsanbindung:** PKW über die B 265 zum See oder Bus 979 Bleibtreusee
■ **Parken:** Parkplätze am Bleibtreusee.

Düsseldorf

Unterbacher See
(Strandbad Nord und Süd)
Baden und Schwimmen im sauberen Grundwasser, Schwimmer/Nichtschwimmerbereich, Aquaparc, FKK-Bereich (Südstrand), Spielbereich am Strand mit Piratenkletterschiff, Badestege, weiße Sandstrände, Liege- und Spielwiese, Beachvolleyballfeld (Südstrand), Tischtennisplatte, Strandliegen, Imbiss, Kiosk.
Bootsverleih (Nordufer): Canadier, Tret- und Segelboote (Segelschein erforderlich). www.unterbachersee.de
■ **Information:** Unterbacher See Verwaltung, Kleiner Torbruch 31, 40627 Düsseldorf, Tel.: 0211/8992094, Fax: 8929132
■ **Öffnungszeiten:** Mai–September, täglich 10–19.30 Uhr
■ **Kosten:** Erwachsene 3,30 €, Kids 1,20 €, ab 16 Jahre 2,30 €, Abend- und Saisonkarten, 10er-Karte, Gruppenermäßigungen
■ **Einkehr:** Grillplätze auf Nord- und Südseite (kostenpflichtig), Se(h)restaurant (Nordseite am Bootsverleih), Café Ponton (Südstrand), Minigolf, Campingplatz Nord (Touristencamping)
■ **Verkehrsanbindung:** Von der BAB 3 und 59 auf die BAB 46, Abfahrt

Erkrath/Hilden, weiter über Rothenbergstraße bis Unterbacher See Haltepunkte der Buslinien 735, 737 (Nordufer), 891 (Südufer, nur in der Saison)
■ **Parken:** Zufahrt Kleiner Torfbruch: Verwaltung, Campingplatz Nord, Minigolf, Bootsverleih, Hafen, Se(h)restaurant
Zufahrt Großer Torfbruch: Strandbad Nord, Biergarten
Zufahrt am Kleinforst: Strandbad Süd, Saisoncamping Süd, Klettergarten, Surfzentrum, Strandcafe Ponton

Erftstadt

Liblarer See
■ **Information:** Strandbad Liblarer See, 50374 Erftstadt, Tel.: 02235/3889
■ **Öffnungszeiten:** Sommersaison Mai–September
■ **Kosten:** Erwachsene 2,50 €, Kids 1,50 €
■ **Einkehr:** Gaststätte am See
■ **Verkehrsanbindung:** Ab Köln Hbf mit U-Bahn oder Straßenbahn Linie 18 Richtung Bonn bis Hürth-Hermülheim, von dort Bus 975, 979 Richtung Lechenich, Haltestelle Liblarer See

Hürth

Otto-Maigler-See
Großer See »Ville-Seenplatte«, 6 km Uferweg, Strandbad mit weißem 500 m langem Sandstrand, Freibadfläche 7 ha, Spielplatz.
■ **Information:** Otto-Maigler-See, 50354 Hürth-Gleuel, Tel.: 02233/35248; www.otto-maigler-see.de
■ **Öffnungszeiten:** Im Sommer täglich von 9–20 Uhr
■ **Kosten:** Erwachsene 3,50 €, Kids 2–5 Jahre 1 €, 6–14 Jahre 2 €

Hier können Wasserratten sich richtig austoben.

■ **Einkehr:** Restaurant
■ **Verkehrsanbindung:** PKW: BAB 1, Abfahrt Hürth; ab Köln Hbf mit U-Bahn oder Straßenbahn Linie 18 Richtung Bonn bis Hürth-Hermül-heim, Stadtbus 711 Otto-Maigler-See
■ **Parken:** 2000 Parkplätze

Köln

Fühlinger See

Naturfreibad in Kölns größtem See mit 5.000 qm Wasserfläche, schwimmende Inseln, Beach-Volley-ball, Tischtennis, Kinderspielplatz
■ **Information:** Naturfreibad Fühlingen, Stallagsbergweg, 50769 Köln-Fühlingen, Tel.: 0221/2791850, Fax: 2791852
■ **Öffnungszeiten:** Mo–Fr 110–18 Uhr, Sa/So 9–18 Uhr
■ **Kosten:** Erwachsene 3,40 €, Kinder bis 5 Jahre 0,50 €, 6–17 Jahre 2,50 €, Familienkarten

■ **Verkehrsanbindung:** BAB 1, Neusser Landstraße, Bus 120 Seeberg
■ **Parken:** Parkplätze am See

Solingen

Freizeitanlage Bärenloch

Teich mit Steganlage, große Spiel- und Liegewiesen, Naturbühne; 2 Bolzplatzplätze, 2 Spielplätze, 1 Skateranlage mit Graffitiwand, Streetball- und Beachvolleyballfeld, Hundeauslaufanlage.
Eingang über 2. Stockdum, Bimericher Straße, Untere Werner-straße oder Cronenberger Straße
■ **Information:** Freizeitanlage Bären-loch, Bimerich, Untere Wernerstraße, 42653 Solingen
■ **Öffnungszeiten:** durchgehend geöffnet
■ **Kosten:** Eintritt frei
■ **Einkehr:** in unmittelbarer Nähe keine Einkehrmöglichkeiten

163

■ **Verkehrsanbindung:** Haltestelle Wernerstraße: Buslinien 682, 683, 692, 695, Haltestelle Industriestraße + Alleestraße: Buslinie 695 mit PKW über B224

■ **Parken:** Parkplatz an der Cronenberger Straße zwischen Hasselstraße und Wertstoffhof, Parkplätze im Bereich der übrigen Eingänge nur in begrenzter Anzahl vorhanden

Eislaufmöglichkeiten

Bergisch Gladbach

Eissporthalle Saaler Mühle

Im Freizeitpark ab September bis April großes Wintervergnügen mit Eislaufen: www.eissporthalle-bergisch-gladbach.de

■ **Information:** Eissporthalle Saaler Mühle, Saaler Straße 100, 51429 Bergisch Gladbach, Tel.: 02204/6 47 48, E-Mail: eisinfo@gmx.de

■ **Öffnungszeiten:** tägl. 10–12 (Sa und alle anderen Tage nachmittags ab 15 bzw. 16 Uhr)

■ **Kosten:** Erwachsene ab 4,50 €, Jugendliche bis 16 Jahre ab 3,50 €

■ **Einkehr:** Cafeteria

■ **Verkehrsanbindung:** Ab Köln Hbf mit S-Bahn S1 bis Bergisch Gladbach, von dort Bus 455 Richtung Kürten, Haltestelle Saaler Straße

■ **Parken:** Parkplätze an der Eissporthalle

Bonn

Eisbahn auf dem Weihnachtsmarkt

Eine 300 qm Eisbahn mit Musik ist von Ende November bis Anfang Januar täglich 10–21 Uhr zum Preis von 3,50 € auf dem Friedensplatz zu finden. Kinder Mo–Do bis zu 5 Jahren 14–16 Uhr eine Stunde frei.

Düsseldorf

Eissportstadion

■ **Information:** Stadion Brehmstr. 27, 40239 Düsseldorf-Düsseltal, Tel.: 0211/899532-0

■ **Öffnungszeiten:** Sept.–April für Kids: Mo–Fr 16–18, Sa 10–12, 14–16, 17–19, So 11–13, 14–16, 17–19 Uhr

■ **Kosten:** Erwachsene 2,30 €, Kids 6–17 Jahre 1,30 €

■ **Einkehr:** Stadiongaststätte, Imbisskiosk

■ **Verkehrsanbindung:** Straßenbahn Linie 706, 708 vom Hbf, Haltestelle Brehmstraße.

■ **Parken:** Parkplatz am Stadion

Leverkusen

Eissport- und Skaterhalle

Vom Friday-Ice-Fieber bis zur Abtauparty, von cooler Disco bis zum Anfängerkurs – in Leverkusen wird vieles geboten.
Bismarckstr. 127, 51373 Leverkusen-Küpperesteg, Tel.: 0214/683 65, 86 84 00, www.sportpark-lev.de; info@sportpark-lev.de

■ **Öffnungszeiten:** Sept–März s. Internet

■ **Kosten:** Erwachsene 5, Kinder bis 17 J. 3,50 €

Neuss

Eissporthalle Carl-Diem-Straße

Vom Kindergarten-Eislaufen bis zum Eishockeyspielen, Eisstockschießen und Eiskunstlauf wird hier vieles geboten.
Carl-Diem-Straße, 41466 Neuss-Reuschenberg, Tel.: 02131/531 63 40, www.neuss.de, claudia.appel@stadt-werke-neuss.de

■ **Öffnungszeiten:** September bis Ende März div. Zeiten, s. Internet

■ **Kosten:** 3,90 €, Kinder 1,80 €

Ratingen

Eissporthalle am Sandbach

Am Sandbach 12, 40878 Ratingen,
Tel.: 02102/5505250,
www.eissporthalle-ratingen.de,
kontakt@eissporthalle-ratingen.de

■ **Öffnungszeiten:** diverse Zeiten aus dem Internet entnehmen

■ **Kosten:** 3,20 €, Kinder bis 18 J. 1,60 €

Solingen

Eissporthalle Brühler Straße

■ **Information:** Brühler Str. 20, 42651 Solingen, Tel.: 0212/2902617; www.eissporthalle-solingen.de
Eine Eislaufbahn mit 1800 qm (intern. Maße) in der Halle, 125 Sitzplätze und ca. 1100 Stehplätze, Restaurationsbetrieb und Schlittschuhshop mit Verleih, Anfängerkurse für Kids von 3–10 Jahren und für Erwachsene nach Bedarf und Anmeldung

■ **Öffnungszeiten:** Laufzeit von Ende September bis April, Infos über die Laufzeiten erhält man über die Eiscrew, Tel.: 0212/5996700

■ **Kosten:** Erwachsene 4 €, Kids und Jugendliche 3 €, Familienkarten

■ **Einkehr:** Restaurant

■ **Verkehrsanbindung:** Zug vom Bf Solingen Ohligs zum Hbf Solingen, von dort über Birkerstraße zu Fuß erreichbar; Buslinie innerhalb Solingens 684, Haltestelle Birkerstraße; mit PKW: über die B 224.

■ **Parken:** Parkplätze in ausreichender Anzahl vorhanden

Troisdorf

ICE Dome Troisdorf

■ **Information:** Einssporthalle Troisdorf, Uckendorfer Str. 135, 53844 Troisdorf, Tel.: 02241/400266, www.eissporthalle-troisdorf.de

■ **Öffnungszeiten:** Aus dem Internet erfragen, da sehr unterschiedliche Zeiten

■ **Kosten:** Erwachsene ab 5 €, Kinder und Jugendliche ab 4 €

Auch in der Halle möglich: Skilaufen

Orts- und Sachregister

Ebenfalls erhältlich...

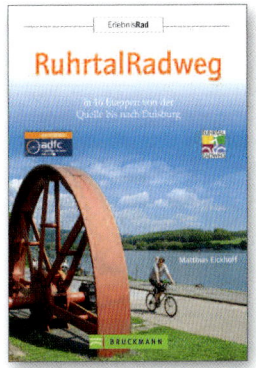

Impressum

Unser komplettes Programm:

www.bruckmann.de

Produktmanagement: Claudia Hohdorf; Lektorat: Marko Schweizer, München;
Layout: COMTEX, Augsburg; Kartografie: Heike Boschmann, Computerkartografie Carrle,
München; Repro: Cromika s.a.s., Verona; Herstellung: Thomas Fischer
Printed in Italy by Printer Trento S.r.l.

Alle Angaben dieses Werkes wurden vom Autor sorgfältig recherchiert und auf den aktuellen
Stand gebracht sowie vom Verlag geprüft. Für die Richtigkeit der Angaben kann jedoch
keine Haftung übernommen werden. Für Hinweise und Anregungen sind wir jederzeit dank-
bar. Bitte richten Sie diese an: Bruckmann Verlag, Postfach 40 02 09, D-80702 München;
E-Mail: lektorat@verlagshaus.de

Bildnachweis:

Aeronautic Team Hangelar, , S. 83, 84, 85; Aquazoo – Löbbecke Museum, Düsseldorf, S. 115 (2); Blauer See, Ra-
tingen, Pressestelle, S. 9, 32, 33, 154; Carsten Ruthe, S. 1; Circus Roncalli, S. 140, 141; Deutscher Märchenwald,
Odenthal, S. 62; Düsseldorf Marketing, S. 25 (2), 29, 31, 117 (3); Düsseldorfer Marionettentheater, S. 118, 119;
F. Fischer, Landau/Arnsberg, S. 135; Förderverein Kaiserswerth Pfalz, S. 26; Forstbotanischer Garten, Köln, S. 69;
Gangpferde Zentrum Aegidienberg, S. 106, 107; Goldberger Mühle, Mettmann, S. 38; Grottenhertener Windmühle, Bedburg, S. 126, 127; HVV Zons, S. 49; Junges Theater Bonn, S. 151; Kindertheater Neuss, S. 112, 113;
Köln Tourismus, S. 65 (2), 139; Köln/Bonn Flughafen Besucherdienst, S. 80, 81; Köln-Düsseldorfer, Presseabtei-
lung, S. 70, 71, 97; Kölner Zoo, Presse, Detlev Braun, S. 67; LVR Industrie Museum, Bergisch-Gladbach S. 6, 46, 60,
61, 120, 121, 131; Naturpark Rheinland, S. 110/111; Naturpark Rheinland, S. 59; Naturpark Siebengebirge, S.
101; Neanderthal-Museum, S. 37; Odenthal, Altenberger Dom, H. Wolf, S. 133; Phantasialand, Presseabteilung,
Brühl, S. 11/12, 77, 78, 79; Puppenspiele der Stadt Köln, S. 139o.; PwC-Stiftung, Ekkehart Bussenius/Standout,
S. 89u.; Röm.-Germ. Museum Köln, S. 137; Rosengart-Museum, Bedburg-Rath, S. 128, 129; RWE Infozentrum,
Bergheim, S. 56, 57; Schloss Burg, Solingen, S. 123; Schokoladen-Museum, Köln, S. 143 (2); Stadt Bad Honnef,
Bäderamt, Presse, S. 152/153, 159, 160, 163; Stadt Bergisch-Gladbach, Presseabteilung, S. 60, 131; Stadt Bonn,
Presseamt M. Sondermann, S. 87 (2), 88, 91, 92, 93, 94, 95, 145; Stadt Grevenbroich, Pressestelle, S. 125; Stadt
Hürth, Presseabteilung, S. 75; Stadt Neuss, Grünflächenamt, S. 3, 23; Stadt Solingen, Pressestelle, S. 41; Stadt
Troisdorf, Pressestelle, S. 5, 147; Stadtmuseum Siegburg, S. 149; Tierpark Fauna, Solingen, S. 42, 43 (2); Touris-
mus Siebengebirge, S. 98/99, 102, 104 (2), 105; Touristbüro Ratingen, S. 35 (2); Tourist-Info Neuss, S. 10, 19, 20,
21; Wasserski-Langenfeld, S. 52, 53; Winter World, Neuss, S. 165; Zoo Krefeld, Pressestelle, S. 15, 16

Umschlagvorderseite: Spannend gestaltete Spielplätze lassen Kinderherzen höher schlagen.
(Bildverlag Bahnmüller, Geretsried)
Umschlagrückseite: Papierschöpfen in der Papiermühle Alte Dombach

Die Deutsche Nationalbibliothek verzeichnet diese Publikation in der Deutschen National-
bibliografie; detaillierte bibliografische Daten sind im Internet über http://dnb.d-nb.de
abrufbar.

© 2011 Bruckmann Verlag GmbH, München
ISBN 978-3-7654 5445-5